Modèle logique de données relationnel

Pierre-André Sunier

2ème édition

Modèle logique de données relationnel

Pierre-André Sunier

2ème édition

Publié par Pierre-André Sunier, le 8 octobre 2018
https://sites.google.com/site/pasunier/home

Collection : *Système d'information informatisé de l'entreprise*

1) *Modèle conceptuel de données, Pierre-André Sunier, 179 pages, 2016*

2) *Modèle logique de données relationnel, Pierre-André Sunier, 177 pages, 2018*

3) *Modèle physique de données relationnel - Oracle, Pierre-André Sunier, publication prévue en 2019*

4) *Modélisation des données, Pierre-André Sunier, publication prévue en 2019*

5) *Ingénierie des données, Pierre-André Sunier, publication prévue en 2020*

© 2018, Pierre-André Sunier, La Grande Béroche, Suisse, pa.sunier@gmail.com

ISBN-13 : 978-1985201545

Avant-propos

Pourquoi ce livre ?

Ce livre est la suite de celui que j'ai consacré à la modélisation conceptuelle des données :

> [PAS-1]
> Modèle conceptuel de données
> Pierre-André Sunier
> Amazon
> Gorgier, 2016

Objectifs du livre

L'objectif de ce livre est de présenter un ensemble de techniques et de règles propices à :

- Elaborer des modèles logiques de données relationnels, MLD-R en abrégé, normalisés et indépendants de tout système de gestion de base de données relationnelle, SGBD-R en abrégé.
- Transformer un modèle conceptuel de données en un modèle relationnel.

Pour l'essentiel, le contenu du livre est une compilation des différentes règles et techniques qui ont émergé au fil du temps et qui pour beaucoup sont de pratique courante. Pour le reste et guidé par ma vision de l'ingénierie des logiciels de gestion, je propose des compléments susceptibles de donner suffisamment de richesse aux modèles logiques de données pour permettre d'automatiser le codage de l'intégrité des données.

A qui s'adresse le livre ?

Je m'adresse à tout lecteur qui est intéressé par la problématique des systèmes d'information de l'entreprise et particulièrement la modélisation, sous forme relationnelle, des données de l'entreprise.

- Le débutant sera guidé dans son apprentissage en découvrant les concepts de base qui lui permettront d'asseoir ses connaissances.
- Le modélisateur averti trouvera un recueil relativement exhaustif de règles et de techniques de modélisation des bases de données relationnelles.
- L'expert pourra confronter sa pratique de tous les jours avec les diverses propositions tendant à transformer des modèles conceptuels de données en modèles logiques de données relationnels avec ou sans contraintes structurelles.

Structure du livre

Le livre est organisé en 6 parties :

- **Introduction**
  L'introduction fixe le vocabulaire que j'utilise tout au long de ce livre et présente les traits généraux de la démarche de modélisation.
- **Bases du modèle relationnel**
  Cette deuxième partie présente les bases du modèle relationnel.
- **Modèle logique de données relationnel (MLD-R)**
  Cette troisième partie introduit quelques règles d'enrichissement du modèle relationnel usuel.
  Ces règles d'enrichissement nous permettront de ne pas perdre la richesse du modèle conceptuel de données (MCD) lors de sa transformation en un modèle logique de données relationnel (MLD-R).
- **Normalisation et formes normales**
  Cette partie présente le processus de normalisation qui permet au modélisateur de s'assurer que la structure de données du modèle relationnel est correctement élaborée.
- **Transformation du MCD en un MLD-R – Fondamentaux**
  Cette cinquième partie relève de l'ingénierie. Elle présente les règles usuelles de transformation d'un modèle conceptuel de données (MCD) en un modèle logique de données relationnel (MLD-R).

- **Transformation du MCD en un MLD-R – Tables indépendantes**
  Cette dernière partie relève, comme la précédente, de l'ingénierie. Elle présente les règles de transformation d'un modèle conceptuel de données (MCD) en un modèle logique de données relationnel (MLD-R) ne comportant que des tables indépendantes. En utilisant des contraintes déclaratives plutôt que des contraintes structurelles, le MLD-R est susceptible de supporter plus facilement des changements de règles de gestion.

Choix architecturaux de réalisation des modèles

Les modèles logiques de données relationnels sont réalisés à partir du méta modèle de classes du langage de modélisation unifié, UML en abrégé. Les spécificités du MLD-R sont décrites par un profil. Elles sont réalisées à l'aide des mécanismes d'extension d'UML :

- Stéréotypes
- Contraintes
- Valeurs marquées

Les modèles sont réalisés avec l'atelier de génie logiciel Visual Paradigm, VP en abrégé.

A propos des exemples

Les fragments de modèles présentés ne montrent, souvent, que les éléments (colonnes, relations, contraintes…) nécessaires à la seule illustration désirée.

J'ai repris le cas pratique de gestion commerciale de mon premier livre [PAS-1] pour illustrer l'essentiel des bases de la modélisation logique de données relationnelle et de la transformation. Je prie le lecteur de se référer à ce livre s'il souhaite des explications quant aux modalités de l'élaboration[1] du cas pratique et des autres exemples.
La normalisation est illustrée à partir d'un exemple ad-hoc.

Conventions typographiques

«Table»	Terme propre au modèle de données (ou aux profils UML utilisés)
Articles	Elément d'illustration
W3C	Nom de produit, constructeur, norme ou autre
système	Mise en évidence
	Mise en évidence des explications relatives aux exemples
	Elément important
	Elément destiné à un expert
	Renvoi à un cas pratique complémentaire
	Remarque
	Mise en évidence d'un élément de maquette
[PAS-1]	Référence bibliographique

---

[1] Règles de gestion et autres.

Compléments sur internet

Un site compagnon est dédié à mes livres :
> https://sites.google.com/site/pasunier/home

Les informations relatives à ce livre se trouvent à l'adresse suivante :
> https://sites.google.com/site/pasunier/home/SIIE/MLDR

Bibliographie

Le livre se voulant un recueil didactique, j'ai volontairement renoncé à mettre des références bibliographiques pour les différentes règles et techniques de modélisation et de transformation des données. J'envisage d'écrire un livre qui présentera les choix architecturaux de modélisation et de transformation que j'ai retenus. Ils y seront justifiés et référencés.

Toutefois, j'ai mis en annexe une partie de la bibliographie que j'ai régulièrement utilisée pour choisir ou définir les règles de modélisation et les techniques sous-jacentes.

Remerciements

Au CPLN, Centre de formation professionnelle du Littoral neuchâtelois, à Neuchâtel. Le CPLN m'a permis de mettre en place mes premiers cours de modélisation de données et surtout de les confronter à la réalité du terrain au travers de nombreux mandats internes et externes.
A la Haute école Arc de Neuchâtel, HE-Arc. La Haute école Arc m'a donné les moyens d'approfondir la problématique et les solutions d'automatisation de règles de gestion en code applicatif de gestion de l'intégrité des données.
A la Haute école spécialisée de Suisse occidentale, HES-SO. La HES-SO a financé plusieurs de mes travaux de recherche.
Aux nombreux organismes publics ou privés qui, au travers de mandats, m'ont donné l'opportunité de mettre en place un bouclage qualitatif entre problèmes réels, travaux de recherche et solutions implantées.
A toutes les étudiantes et tous les étudiants qui par leur participation active à mes cours m'ont amené à devoir et pouvoir justifier tous les choix architecturaux de modélisation que je présente dans ce livre.
A mes collègues de ces 30 dernières années avec qui j'ai eu l'occasion d'échanger sur la thématique du développement de logiciels de gestion et plus particulièrement la modélisation des données.
A Steve Berberat, Fabrice Camus, Philippe Daucourt, Stève Galeuchet et Bertrand Loison qui ont relu ce livre et m'ont permis par leurs conseils, remarques ou questions d'en améliorer le contenu.
A Caroline Ruffieux, Luc Rochat et Pierre Jobin pour leurs conseils en édition.
A Natacha Devaux pour sa relecture et ses conseils de rédaction.
A Stéphan Devaux pour le contrôle final des différents modèles.
A Christelle Duchêne Plancherel pour certaines illustrations de la première partie.

Pierre-André Sunier
pa.sunier@gmail.com

Table des matières

Introduction 17

1   Définitions 18

1.1   Entreprise ou organisme 18

1.2   Le SI 18

1.3   Le SII 19

1.4   Données et informations 20

1.5   Données et valeurs de données 21

1.6   La nécessité de structure 22

1.7   Non redondance et qualité des données 23

1.8   Gestion et informatique 24

1.8.1   Informatique de gestion 25

1.8.2   Règle de gestion 25

2   La démarche 26

2.1.1   Méthode 26

2.1.2   Modélisation 26

2.1.3   Maquettes 27

2.1.4   UML 27

2.2   Modèle conceptuel de données (MCD) 28

2.2.1   Historique 28

2.2.2   Bases 28

2.3   Modèle logique de données relationnel (MLD-R) 29

2.3.1   Historique du modèle relationnel 29

2.3.2   Bases du modèle logique de données relationnel 29

Bases du modèle relationnel 31

3   Table 32

3.1   Concept 32

3.2   Représentation 32

4   Colonne 33

4.1   Types de données 33

4.2   Tailles maximales 34

5   Clé 35

5.1   Clé primaire 35

5.2   Clé étrangère 35

5.3   Clé secondaire 37

5.3.1   Clé secondaire discriminante 37

5.3.1.1   Clé secondaire unique 38

5.3.1.2   Clé secondaire unique et non nulle 38

6   Contrainte... 39

6.1   Contrainte de colonne 39

6.1.1   Valeur non nulle 39

6.2   Contrainte de table.. 39

6.2.1   Unicité 41

6.2.2   Clé primaire 41

6.2.3   Clé étrangère 42

6.3   Contrainte d'indexation 42

7   Relation... 43

7.1   Représentation graphique.. 43

7.2   Cardinalité 43

7.2.1   Concept... 43

7.2.2   Table référençant (enfant ou source de dépendance) 45

7.2.3   Table référencée (parent ou cible de dépendance) 45

7.3   Degré de relation 46

7.4   Relation réflexive 47

7.4.1   Arbre - Relation réflexive de degré 1:n 47

7.4.2   Liste - Relation réflexive de degré 1:1... 48

7.5   Relation identifiante primaire 49

8   Relation et clé secondaire discriminante.. 50

8.1   Relation identifiante primaire 50

8.2   Relation non identifiante.. 51

9   Typologie des tables... 52

9.1   Table indépendante.. 52

9.2   Table dépendante 53

9.3   Table associative.. 54

9.4   Table associative – Graphe 55

9.5   Règles de nommage... 56

9.5.1.1   Noms prédéfinis 56

Modèle logique de données relationnel (MLD-R).. 57

10   Problématique... 58

11   Types de données 59

12   Extension des stéréotypes 60

12.1   Stéréotypes des contraintes de table.. 60

12.2   Stéréotypes des colonnes 61

13   Contraintes UML... 62

14 Colonne 63

14.1 Contrainte UML {frozen}.. 63

14.2 Audit 63

14.3 Ordonnancement 64

14.4 Pseudo entité associative 65

15 Relation 66

15.1 Représentation 66

15.2 Relation de degré 1:1 67

15.3 Relation identifiante 67

15.3.1 Relation identifiante primaire 67

15.3.2 Relation identifiante secondaire 68

15.4 Contrainte UML {frozen}.. 69

15.5 Contrainte UML {deletecascade} 69

15.6 Contraintes UML {oriented} et {nonoriented} 70

15.6.1 Relation réflexive de degré 1:1 70

15.6.2 Relation réflexive – Graphe... 71

15.7 Contrainte UML {gs} de généralisation – spécialisation 72

16 Clé secondaire.. 74

16.1 Clé secondaire unique 74

16.2 Clé secondaire unique et non nulle.. 74

16.3 Contrainte UML {absolute} 75

17 Contraintes de table 76

17.1 Simulation de produit cartésien 76

17.2 Contrainte de journalisation 77

18 Variantes de représentation 79

18.1 Relation identifiante primaire 79

18.2 Relation identifiante secondaire... 80

19 Règles de nommage 81

19.1 Noms prédéfinis... 81

Normalisation et formes normales 85

20 Bases... 86

20.1 Quel est le problème ?.. 86

20.2 Concept.. 87

21 Dépendances fonctionnelles 88

21.1 Dépendance fonctionnelle... 88

21.1.1 Dépendance fonctionnelle forte.. 88

21.1.2 Dépendance fonctionnelle faible... 88

21.2 Dépendance fonctionnelle élémentaire pleine... 89

21.3   Dépendance fonctionnelle directe 90

22   Clé secondaire discriminante 91

22.1   Clé secondaire unique et non nulle « NID-x» 91

22.1.1   Table indépendante 91

22.1.2   Table dépendante 92

22.1.3   Clé secondaire unique «U-x» 93

22.1.4   En résumé 93

23   Première forme normale (1NF) 94

23.1   Violation de la première forme normale (1NF) 94

23.1.1   Colonne formée d'une relation 94

23.1.2   Colonne contenant un groupe répétitif 95

24   Deuxième forme normale (2NF) 96

24.1   Violation de la deuxième forme normale (2NF) 96

25   Troisième forme normale (3NF) 98

25.1   Violation de la troisième forme normale (3NF) 98

25.1.1   Colonne dépendante d'une autre colonne 98

25.1.2   Colonne dépendant d'une clé étrangère 100

26   Autres formes normales 101

26.1   Forme normale de Boyce-Codd (BCNF) 101

26.1.1   Règle de normalisation 101

26.1.2   Illustration 102

26.1.3   Exemple 103

26.2   Quatrième forme normale (4NF) et cinquième forme normale (5NF) ... 104

26.2.1   Dépendance multivaluée 104

26.2.2   Exemple 104

27   Redondances "horizontales" 106

27.1   Définition 106

27.2   Règle de normalisation 106

27.3   Exemple 106

27.4   Critères de détermination de redondance 107

28   Colonnes redondantes 108

28.1   Définition 108

28.2   Règle de normalisation 108

28.3   Exemple 108

28.4   Bilan 109

29   Dénormalisation 110

29.1   Quel est le problème ? 110

29.2   Principe général 110

29.3   Exemple 111

29.4   Evénements d'états 111

29.5   Evénements temporels 112

29.6   Stratégie de calcul des éléments dénormalisés 112

29.6.1   Régime normal 112

29.6.2   En cas de panne 113

29.7   Tables propres aux éléments dénormalisés 113

29.7.1   Modalités de mise en place 113

29.8   Les vues pour éviter des calculs fastidieux 114

29.8.1   Modalités de mise en place 114

Transformation du MCD en un MLD-R – Fondamentaux 115

30   Modalités de transformation 116

31   Trois règles de base 117

32   Première règle 118

32.1   Principe général 118

32.2   Types de données 118

32.3   Contrainte de clé primaire 119

33   Deuxième règle 120

33.1   Principe général 120

33.2   Association de degré 1:n 120

33.3   Association de degré 1:1 121

33.3.1   Cardinalités minimales de 0 et 0 121

33.3.2   Cardinalités minimales de 1 et 1 122

33.3.3   Cardinalités minimales de 0 et 1 122

33.4   Association identifiante naturelle 123

34   Troisième règle 124

35   Entités non indépendantes 125

35.1   Entité dépendante 125

35.2   Entité associative 127

35.3   Pseudo entité associative 128

35.4   Entité dépendante n:n 129

35.5   Entité n-aire 130

35.6   Entité n-aire dépendante 131

35.7   Généralisation – spécialisation 132

36   Associations réflexives 134

36.1.1   Graphe non orienté 134

36.1.2   Graphe orienté 135

36.1.3   Arbre 136

36.1.4   Liste 136

36.1.5   Couple 137

37   Cas particuliers 138

37.1   Ordonnancement 138

37.1.1   Entité indépendante 138

37.1.2   Entité dépendante 139

37.1.3   Extrémité d'association 140

37.2   Attribut multivalué 141

37.3   Simulation du produit cartésien 142

37.4   Contrainte UML {absolute} 144

37.5   Contrainte UML {frozen} 145

38   Processus de transformation itératif 146

38.1   Principe 146

38.2   Initialisation 147

38.3   1ère itération 147

38.4   2ème itération 148

38.5   3ème itération 149

38.6   Finalisation 150

Transformation du MCD en un MLD-R – Tables indépendantes 151

39   Concept 152

40   Simulation de clé primaire composite 153

40.1   Modalités 153

40.2   Simulation de table associative 154

40.3   Simulation de table dépendante 156

41   Trois règles de base 157

41.1   Première règle 157

41.2   Deuxième règle 157

41.3   Troisième règle 158

42   Entités non indépendantes 159

42.1   Entité dépendante 159

42.2   Entité associative 161

42.3   Pseudo entité associative 161

42.4   Entité dépendante n:n 162

42.5   Entité n-aire 164

42.6   Entité n-aire dépendante 165

42.7   Généralisation – spécialisation 166

43   Associations réflexives 168

43.1   Graphe 168

43.2   Arbre, liste et couple 168

44   Cas particuliers.. 169

44.1   Attribut multivalué 169

Annexes... 171

A   Glossaire... 172

B   Index.. 175

C   Bibliographie 177

Introduction

1 Définitions

La modélisation des données des systèmes d'information (SI) des entreprises ou organisations nécessite de définir ce qu'est une entreprise, un système d'information, une donnée et un modèle. L'introduction va fixer notre vision de ces différents éléments.

1.1 *Entreprise ou organisme*

Une **entreprise** est un système social qui a comme finalité de produire des biens ou des services à but commercial.

Comme tout système social, chaque **entreprise** doit s'organiser pour réaliser sa finalité et atteindre son but. Il s'agit, essentiellement, de coordonner les activités humaines, matérielles ou autres nécessaires à produire les biens ou services dans des conditions économiques viables.

Figure 1 - Entreprise

1.2 *Le SI*

Le concept de **système d'information (SI)** de l'entreprise trouve son origine dans l'approche systémique de l'étude des systèmes sociaux et autres.

L'approche systémique nous propose de considérer l'entreprise, en tant que système social, formé de trois sous-systèmes essentiels :

- Le sous-système de pilotage (SP) qui coordonne l'ensemble de l'activité en fonction de la mission.

- Le sous-système d'information (SI) qui capte, mémorise, traite et restitue les informations utiles aux sous-systèmes opérant et de pilotage ainsi qu'à l'environnement.

- Le sous-système opérant (SO) qui active les processus métier pour créer la valeur ajoutée. Le sous-système opérant est la raison d'être de l'entreprise ; il est courant de parler de *métier* pour ce qui a trait au sous-système opérant.

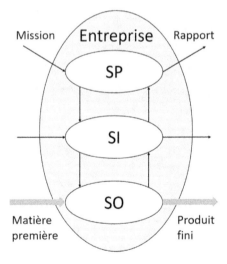

Figure 2 - Entreprise système

1.3 *Le SII*

Le **système d'information informatisé (SII)** est la partie du SI de l'entreprise qui est automatisée grâce aux technologies de l'information (TI ou IT en anglais).

Le SII doit permettre des gains de productivité et/ou d'efficience en optimisant l'organisation de l'entreprise grâce à la circulation des informations[2].

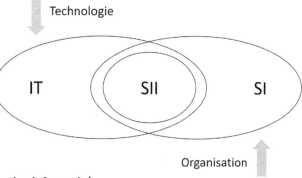

Figure 3 - Positionnement du système d'information informatisé

Le SII doit permettre de capter, de mémoriser, de traiter et de restituer les informations ou données utiles à l'entreprise de manière transparente[3] pour les utilisateurs. La partie informatisée du système d'information de l'entreprise, son organisation et son rôle peuvent être représentés par le diagramme symbolique ci-dessous.

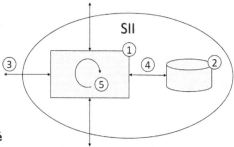

Figure 4 - Organisation du système d'information informatisé

① Partie dynamique du SII

② Partie statique du SII

③ Acquisition de données / Restitution d'informations

④ Ecriture et persistance des données / Lecture des données

⑤ Traitement des données

---

[2] Ce peut être une standardisation des procédures de travail au niveau du SO ou une amélioration qualitative de la prise de décision au niveau du SP.
[3] S'agissant des aspects techniques.

1.4   *Données et informations*

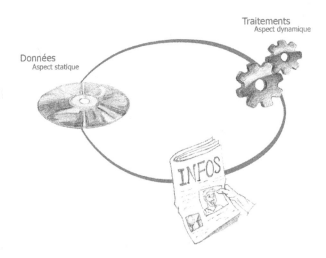

Une information est le résultat d'un traitement appliqué à des données.
Une information est une production sociale qui présente une ou des données selon un point de vue.

La ou les données représentent l'aspect statique, les traitements représentent l'aspect dynamique du processus de production d'information.

Figure 5 - Données et informations

Dans le cadre d'une gestion scolaire, l'absence d'un étudiant à un cours est une donnée.

Le règlement applicable aux cours stipule un taux de présence minimal de 80%.
Ce taux est une donnée agrégée. Cette donnée agrégée aura une valeur comprise entre 0% et 100%.
En affichant ce taux en vert (présence minimale respectée) ou en rouge[4] (présence minimale non respectée), nous privilégions l'information de présence respectée ou pas ; le taux lui-même n'est plus qu'une donnée de quantification.

Etudiant			Cours de modélisation des données										Taux
Matricule	**Nom**	**Prénom**	**1**	**2**	**3**	**4**	**5**	**6**	**7**	**8**	**9**	**10**	
77	Bleu	Marie	X	✓	✓	✓	✓	✓	✓	✓	✓	✓	**90%**
108	Cyan	Steven	✓	✓	✓	✓	✓	✓	✓	✓	✓	✓	**100%**
93	Gris	Anne	✓	X	✓	✓	X	✓	✓	✓	X	X	**60%**
89	Jaune	Pierre	✓	✓	✓	✓	✓	✓	✓	✓	✓	✓	**100%**
124	Noir	Alain	✓	✓	✓	✓	✓	✓	✓	✓	✓	✓	**100%**
91	Pourpre	Claude	✓	X	✓	✓	X	✓	✓	✓	X	✓	**70%**
57	Rouge	Dominique	✓	✓	✓	✓	✓	✓	✓	✓	✓	✓	**100%**
8	Vert	Steve	✓	X	✓	✓	✓	✓	✓	✓	✓	X	**80%**

---

[4] Ecriture blanche sur fond gris foncé pour l'impression du livre en noir et blanc.

1.5   *Données et valeurs de données*

Dans l'optique des systèmes d'information de l'entreprise, lorsque nous parlons de données, il s'agit de conteneurs. Chaque donnée ou plus précisément chaque conteneur peut contenir de multiples occurrences de même nature.

Par exemple, pour une école nous avons des salles et chaque salle a un nom, se situe sur un étage d'un bâtiment et peut contenir un certain nombre de places.

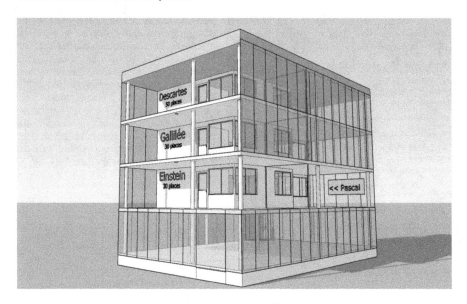

Figure 6 - Ensemble des salles d'une école

La salle *Einstein* de 30 places située au 1er étage est une occurrence de l'ensemble des salles.

Lorsque la littérature parle de la dimension statique du système d'information (SI) à propos des données, l'aspect statique a trait aux conteneurs, les données, et non aux occurrences qui peuvent être ajoutées, modifiées ou supprimées.

La donnée **Salle** d'une école est statique. Nous aurons toujours besoin de salles identifiées par un nom, dotées de places et situées sur un étage spécifique ; par contre, au fil du temps, des salles peuvent être ajoutées, modifiées ou supprimées.

Dans le langage courant, nous ne faisons pas de différence entre :

- donnée (une salle) et valeur de donnée (la salle Descartes) ;
- nature de données (les salles) et donnée (la salle Descartes).

En général, nous parlons de données et selon le contexte nous en déduisons la portée. Il en est de même dans une multitude d'autres situations : en regardant un catalogue de voiture, nous parlons de voiture, mais en fait, c'est une image et non le véhicule physique ou réel avec lequel nous pouvons nous déplacer.

Figure 7 - Voiture ou image d'une voiture ?

1.6   *La nécessité de structure*

Pour toute entreprise, ses données sont un patrimoine essentiel : une entreprise commerciale ne saurait perdre les données de ses clients ou encore de ses débiteurs ; une école ne saurait perdre les coordonnées de ses élèves ou les résultats de ceux-ci acquis lors de session d'examens.

Dans notre vie de tous les jours, pour ne pas perdre quelque chose ou le retrouver aisément, nous nous organisons en conséquence. C'est ce que nous faisons lorsque nous organisons le rangement de notre logement. Chaque pièce est dotée d'un ou plusieurs emplacements de rangement appropriés : le réfrigérateur pour les produits laitiers, le congélateur pour les surgelés, le bahut du balcon pour les fruits, l'armoire de la chambre pour les pulls, la penderie pour les pantalons, etc.

Figure 8 - Rangement

Dans le même ordre d'idée et avant l'informatisation, les entreprises ont organisé leurs données ; celles-ci sont regroupées au sein d'armoires, de classeurs ou encore de dossiers.
Pour que tout collaborateur puisse trouver les données recherchées, les divers conteneurs sont dédiés à une nature de données, par exemple les dossiers de notes des élèves, et les conteneurs sont étiquetés pour en faciliter l'accès.

Figure 9 - Dossiers

Les armoires, classeurs, dossiers ou autres éléments de rangement des données de l'entreprise représentent l'aspect statique du traitement de l'information. Le collaborateur qui recherche, classe, modifie, ajoute ou encore supprime du contenu représente l'aspect dynamique du traitement de l'information.

Les armoires ou tiroirs de notre logement d'un côté ou les armoires, classeurs ou dossiers d'une entreprise d'un autre côté sont des éléments physiques qu'il est aisé d'identifier et de visualiser ; il n'en est malheureusement pas de même pour les données d'un système d'information informatisé (SII) car les conteneurs sont immatériels. Pour résoudre ce problème d'immatérialité, il est recommandé de faire des modèles de données qui représentent la structure des données.

Pour définir une structure des données, nous devons préalablement recenser les données[5] qui devront être stockées ou enregistrées et les grouper par données de même nature. De même, pour l'aménagement de notre logement, nous devrons prévoir une armoire pour les chaussures, une pharmacie pour les médicaments, une commode pour les sous-vêtements et les chaussettes, etc.[6]

En fait, nous allons appliquer l'adage « *une place pour chaque chose et chaque chose à sa place* ». Pour l'aménagement de notre logement, une place sera le troisième tiroir de la commode dans lequel nous rangerons nos chaussettes et une chose sera la paire de chaussettes bleues avec un dessin de soleil sur le côté. Naturellement, dans ce tiroir (place) nous mettrons encore d'autres chaussettes (choses de même nature).

Pour l'aménagement d'une structure de données nous procéderons de la même manière, nous recenserons **les différentes données** qui devront être stockées et les organiserons en données de même nature.

1.7   *Non redondance et qualité des données*

La redondance est le fait de multiplier une ressource pour éviter une défaillance en cas de panne.
Au niveau des composants matériels et logiciels de tout ou partie d'un système d'information informatisé, de nombreuses ressources (on parle plutôt de composants) sont redondantes pour éviter une défaillance et/ou pour répartir une charge de travail.

Au niveau des données, ou plus précisément au niveau de la structure de données d'un système d'information d'entreprise, la redondance est une source de confusion. Si une donnée est redondante, tout se passe correctement tant que les différentes valeurs sont identiques ; par contre, si les valeurs divergent[7], l'utilisation de deux valeurs différentes va produire[8] des résultats contradictoires.

 Un vendeur de voiture établit une fiche par voiture avec le numéro de téléphone de l'acheteur. Si le client achète deux voitures, son numéro de téléphone sera à double et s'il change de numéro, il faudra le changer dans les deux fiches au risque d'avoir un numéro juste et un faux.

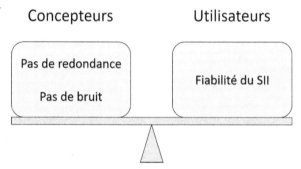

Lorsque nous parlons de qualité des données, nous nous plaçons dans la perspective des utilisateurs mais aussi dans celle des concepteurs[9] de systèmes d'information. Les utilisateurs doivent pouvoir produire et utiliser de l'information fiable. Pour que l'information produite par les systèmes d'information soit fiable il est impératif que les concepteurs puissent s'appuyer sur des données exemptes de redondances qui sont sources de contradictions.

Figure 10 - Qualité des données

---

[5] Pour être plus précis, il s'agit de recenser des instances de données et parmi ces instances, nous pouvons en identifier comme étant de même nature.
[6] Chacun peut décider en fonction de ses contraintes, souhaits ou autres goûts quels tiroirs accueilleront quels habits. Il en est de même pour la modélisation des données, il y a autant de structures différentes qu'il y a de clients et de besoins différents.
[7] Pour certains auteurs ou dans certains domaines de traitement de l'information, le terme de bruit est utilisé pour évoquer des valeurs divergentes de données qui devraient être identiques.
[8] Comme nous l'avons vu [Chapitre 1.4], les données sont la matière première de production de l'information et si la matière première n'est pas de qualité, l'information déduite ne sera pas fiable.
[9] Concepteurs au sens large, c'est-à-dire tous les acteurs de la maîtrise d'œuvre.

1.8 *Gestion et informatique*

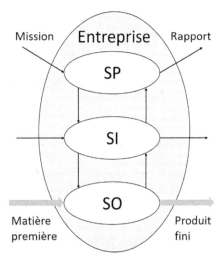

Gestion d'une part et informatique d'autre part peuvent être associés à la représentation systémique de l'entreprise.

La gestion recouvre essentiellement les activités qui ont trait au sous-système de pilotage (SP).

L'informatique est une technologie permettant d'automatiser des parties du système d'information (SI) comme a pu l'être la mécanographie par le passé et comme il y en aura probablement d'autres dans le futur.

Figure 11 - Entreprise système

Sous sa forme la plus générale, le système d'information de l'entreprise est constitué de personnes (processeurs humains) et de documents que les processeurs humains interprètent. Les tâches répétitives ou de peu de valeur ajoutée relèvent de l'automatisme et peuvent être réalisées par des machines.

En fonction de sa typologie, l'entreprise va s'appuyer sur les technologies de l'information (TI ou IT en anglais) pour automatiser tout ou partie de son système d'information (SI) et donner naissance à un sous-système dénommé usuellement système d'information informatisé (SII).

Les logiciels de gestion sont des éléments d'automatisation du système d'information de l'entreprise.

Le système d'information informatisé (SII) apporte des gains de productivité dans le traitement de données, facilite la prise de décision en fournissant de l'information pertinente et est une source de connaissances précieuses en de nombreuses situations.

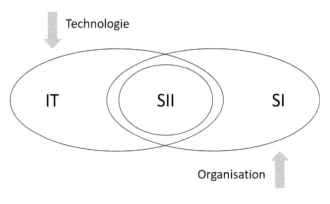

Figure 12 - Système d'information informatisé (SII)

1.8.1   Informatique de gestion

Nous proposons, ci-après, une définition de l'informatique de gestion extraite d'un article que nous avons publié en 2003.

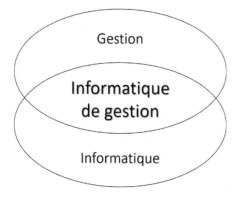

L'informatique de gestion recouvre les connaissances et compétences qui se trouvent à l'intersection des disciplines de l'informatique et de la gestion.

Mais quelle est la signification ou la portée des termes que sont l'informatique d'une part et la gestion d'autre part.

Le terme « informatique » est un néologisme construit à partir des mots « information » et « automatique » par P. Dreyfus en 1962. Il s'agit donc d'une discipline qui concerne le traitement automatique de l'information. La définition acceptée par l'Académie Française est la suivante : "science du traitement rationnel, notamment par machines automatiques, de l'information considérée comme le support des connaissances humaines et des communications dans les domaines techniques, économiques et sociaux".

Le terme de « gestion » signifie : Action d'administrer, d'assurer la rentabilité (d'une entreprise) ; ou : Action de gérer (les affaires d'un autre, et par extension ses propres affaires) et « gérer » est défini comme : Administrer (les intérêts, les affaires d'un autre).

A partir des éléments ci-dessus, nous proposons la définition suivante de l'informatique de gestion :

L'informatique de gestion est la discipline du traitement de l'information utile et nécessaire à automatiser tout ou partie de l'administration des intérêts ou des affaires des entreprises[10].

La définition ci-dessus implique que l'informatique est au service de la gestion et non l'inverse ; pour reprendre une phrase de Jean-Pierre Gindroz, ancien directeur général du CPLN[11] : « L'informatique doit couler dans le sillon de la gestion et non l'inverse ».

1.8.2   Règle de gestion

Une règle de gestion est une contrainte qui s'applique à une action, à une activité ou encore à un processus de l'entreprise.
Une règle de gestion peut provenir de l'environnement ou être énoncée par l'entreprise.
Une règle de gestion peut s'appliquer aux sous-systèmes opérant, de pilotage ou d'information.
Si une règle de gestion s'applique à un élément du système d'information informatisé (SII), elle doit être transformée en une contrainte[12] concrète, sous sa forme informatisée, au sein dudit SII.
Une règle de gestion est aussi nommée règle métier ; la règle métier a une connotation plus orientée sous-système opérant[13] mais, de prime abord, nous pouvons considérer les deux termes comme identiques.

---

[10] La notion d'entreprise peut être étendue aux individus et aux organismes au sens large.
[11] Centre professionnel du Littoral neuchâtelois à Neuchâtel. Le CPLN est l'un des centre de formation professionnelle du canton de Neuchâtel.
[12] Contrainte au sens très large qui peut être simplement le type et la taille d'un attribut.
[13] Une règle impactant le sous-système opérant directement ou par l'intermédiaire de l'un ou l'autre des deux sous-systèmes de pilotage ou d'information.

2   La démarche

2.1.1   Méthode

La modélisation des données doit s'inscrire dans une démarche méthodologique permettant d'offrir aux utilisateurs[14] les services attendus en garantissant la fiabilité des traitements et la pérennité des données.

De nombreuses méthodes ont été proposées au fil du temps pour satisfaire aux critères de qualité que sont :

- la fiabilité des traitements ;
- la pérennité des données.

S'agissant de la pérennité des données qui est concernée par ce livre et, comme nous l'avons évoqué précédemment, il est indispensable de les recenser et de les représenter au travers de modèles de données. Pour ce faire, nous nous appuierons, de manière complémentaire, sur deux éléments méthodologiques reconnus :

- Les modèles de cas d'utilisation prônés par la méthode UP (Unified Process) pour affiner la réflexion de choix des cardinalités minimales des associations.
- Les maquettes d'interface utilisateurs qui sont utilisées pour valider un modèle de données auprès des utilisateurs en mettant l'accent non pas sur les aspects techniques du modèle mais sur ce que le modèle représente en termes d'opportunités et de contraintes de traitement[15] des données.

2.1.2   Modélisation

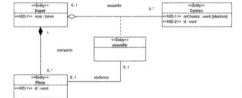

La modélisation va nous permettre de mettre en forme le recensement des données et de pallier à l'immatérialité des systèmes d'information informatisés en fournissant une représentation de la structure des données sous forme de modèles.

Figure 13 - Modèle

Les modèles sont des représentations d'une réalité exprimée selon un point de vue.

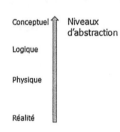

Les modèles de données représentent plus ou moins abstraitement la réalité.
Au niveau le plus abstrait, nous avons un modèle que nous nommons **conceptuel** (MCD). Comme son nom l'indique, il s'attache aux concepts. En reprenant notre exemple de rangement de logement, nous décidons qu'il faut un espace de rangement pour les chaussettes et un autre pour les pulls.

Ensuite, nous trouvons un modèle que nous nommons **logique** (MLD). Il définit une architecture ou une technologie d'enregistrement des données. En reprenant notre exemple, ce serait un tiroir de commode pour les chaussettes et un espace d'armoire pour les pulls.
Actuellement, en informatique de gestion, l'architecture usuelle est celle des bases de données relationnelles (MLD-R) mais il en existe d'autres comme les bases de données orientées objet, les bases de données XML[16] ou le recours à de simples fichiers.

Figure 14 - Axe d'abstraction

---

[14] Utilisateurs des fonctionnalités du système d'information informatisé.
[15] Traitement au sens large incluant l'acquisition, le stockage, la restitution en plus du traitement de calcul.
[16] XML : eXtensible Markup Language

Et enfin, il y a un modèle que nous nommons **physique** (MPD). Il s'attache aux contingences de réalisation liées souvent à un constructeur particulier. En reprenant notre exemple, ce serait les détails de fabrication (dimensions, matériaux, couleurs...) de notre commode ou de notre armoire.

2.1.3 Maquettes

Figure 15 - Maquette d'un formulaire de saisie

Les modèles et surtout le MCD sont des représentations relativement abstraites de la réalité. Souvent le monde de la gestion ne peut valider le contenu d'un MCD qui nécessite de maîtriser la technique de représentation sous-jacente; il est alors courant, utile et souhaitable de recourir à des maquettes où la structure de données abstraite est transformée en simulation de formulaires mettant en scène des données plausibles. Ces maquettes sont alors des éléments relativement concrets sur la base desquels le monde de la gestion peut valider indirectement les modèles réalisés. Il est impératif que la correspondance entre maquettes et modèles soit assurée pour que la validation des maquettes implique la validation des modèles.

Les maquettes peuvent se présenter sous différentes formes : ce peut être des croquis, des dessins, le résultat d'outils de maquettage comme ci-contre ou des interfaces informatiques amputées de leur dimension dynamique.

2.1.4 UML

UML est un langage de modélisation.

C'est actuellement un des seuls langages de modélisation qui n'est pas propre à une technologie ou à un constructeur.

Figure 16 - UML

UML permet de représenter :
- les besoins des utilisateurs ;
- les aspects dynamiques d'un système d'information ;
- l'aspect statique d'un système d'information.

UML est extensible grâce aux mécanismes suivants :
- les stéréotypes ;
- les valeurs marquées ;
- les contraintes.

Une utilisation particulière d'UML peut être guidée et contrôlée grâce au mécanisme de profil.

Depuis UML 2, les stéréotypes et valeurs marquées ne sont disponibles qu'au travers d'un profil.

2.2   *Modèle conceptuel de données (MCD)*

2.2.1   Historique

Dans le monde francophone, le MCD a été proposé par H. Tardieu et consorts au milieu des années 1970 en tant qu'élément de la méthode Merise issue du courant systémique.

Un modèle équivalent a été proposé à la même époque dans le monde anglo-saxon ; il s'agit du modèle Entity-Relationship de Chen.

Le MCD tel que nous le présentons ici s'attache à la structure statique du système d'information et est implanté, en fin de démarche d'informatisation, par un système de gestion de base de données[17]. Dans l'approche de développement de l'aspect dynamique du SII basée sur la technologie orientée objet, il est préconisé[18] de réaliser un modèle des objets métier dit **modèle du domaine**. Le modèle du domaine est proche du MCD mais il n'est qu'une translation au sein de la partie dynamique (Point ① de la Figure 4) des données de la partie statique (Point ② de la Figure 4).

2.2.2   Bases

Un MCD est conçu à partir des éléments suivants :

- ① Les entités qui représentent des conteneurs de données.
- ② Les associations qui représentent des conteneurs de liens entre données.
- ③ Les cardinalités qui fixent les modalités de réalisation des liens entre données.
- ④ Les attributs d'entités ou d'associations[19] qui représentent des conteneurs de données élémentaires.

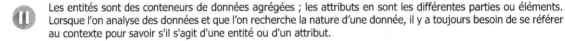

Figure 17 - Bases du MCD

Les entités sont des conteneurs de données agrégées ; les attributs en sont les différentes parties ou éléments. Lorsque l'on analyse des données et que l'on recherche la nature d'une donnée, il y a toujours besoin de se référer au contexte pour savoir s'il s'agit d'une entité ou d'un attribut.

Dans ce livre, les entités sont représentées sous forme de classes du modèle de classe d'UML. Nous mettons le stéréotype **«Entity»** sur la classe UML pour lui donner son caractère d'entité du modèle conceptuel de données.

---

[17] Ou, exceptionnellement, en recourant à de simples fichiers.
[18] Entre autres par la méthode UP de Booch, Rumbaugh et Jacobson.
[19] Au travers d'entités associatives.

2.3   *Modèle logique de données relationnel (MLD-R)*

 Le terme *logique* de MLD-R fixe le niveau d'abstraction ou de réflexion.
Le terme *relationnel* de MLD-R fixe la technologie retenue pour réaliser la persistance des données [Chapitre 2.1.2].

2.3.1   Historique du modèle relationnel

Le concept de modèle relationnel a été présenté par E.F. Codd en 1970.

 Historiquement, le terme *relationnel* s'appliquait à la notion de structure tabulaire ; il mettait en évidence les relations existantes entre les colonnes d'une table.
Afin d'éviter toute erreur d'interprétation, dans la suite de ce livre, le terme de *table* sera utilisé en lieu et place de relation et le terme *relation* sera réservé aux "liens" entre tables.

Le méta modèle s'inspire de la notion mathématique de relation ; il est basé sur deux aspects fondamentaux :

- Aspect statique   Une démarche de conception permettant de définir une collection de relations couramment nommée : *Modèle logique de données relationnel*.

- Aspect dynamique   Une algèbre permettant de manipuler des tables ou relations.
    Cette algèbre est supportée par le langage SQL.

Par la suite, nous nous focaliserons sur l'aspect statique.

2.3.2   Bases du modèle logique de données relationnel

Un MLD-R est conçu à partir des éléments suivants :

- ① Les tables qui représentent des conteneurs de données.
- ② Les colonnes de tables qui représentent des conteneurs de données élémentaires.
- «PK» Les colonnes de clés primaires qui permettent d'identifier sans ambiguïté toute ligne de table.
- «FK» Les colonnes de clés étrangères qui réalisent les relations entre tables.
- ③ Les contraintes qui assurent la consistance des données.
- ④ Une représentation graphique des contraintes de clé étrangère (relations entre tables).

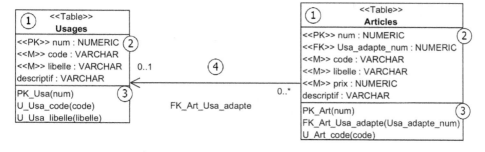

Figure 18 - Bases du MLD-R

Une clé primaire est constituée d'une ou plusieurs colonnes marquées avec le stéréotype **«PK»** et d'une contrainte préfixée **PK**.
Une clé étrangère est constituée d'une ou plusieurs colonnes marquées avec le stéréotype **«FK»** et d'une contrainte préfixée **FK**.

Pour que la représentation du modèle logique de données relationnel, sous forme de diagramme, soit complète, nous ajoutons un lien graphique orienté entre table(s) ④ pour montrer la cible, côté flèche, d'une contrainte de clé étrangère[20].

Les tables sont des conteneurs de données agrégées ; les colonnes en sont les différentes parties ou éléments.

Dans ce livre, les tables sont représentées sous forme de classes du modèle de classe d'UML. Nous mettons le stéréotype **«Table»** sur la classe UML pour lui donner son caractère de table du modèle logique de données relationnel.

---

[20] La cible est la clé primaire de la table référencée.

Bases du modèle relationnel

3 Table

3.1 *Concept*

Une table est une représentation mathématique d'un ensemble ou d'une entité du modèle conceptuel où :
- Les colonnes représentent les attributs des éléments de l'ensemble ou de l'entité.
- Les lignes ou tuples[21] représentent les éléments de l'ensemble ou les occurrences de l'entité.

Usages				
«PK» num	«M» code	«M» libelle	descriptif	
4	COMP	Compétition		
2	SP	Sport		
3	TOUR	Tourisme	Matériel robuste	
1	GP	Grand public	Matériel d'entrée de gamme	

Figure 19 - Table (Relation selon E.F. Codd) nommée Usages

Une table est constituée de deux parties :
- Un schéma qui est une description de sa structure avec le nom de la table, de ses colonnes et des contraintes qui s'appliqueront aux données ①.
- Une extension constituée de lignes ou tuples de données ②.

En modélisation, nous représenterons le seul schéma des tables. L'extension d'une table servira à illustrer le schéma qui peut s'avérer très abstrait.

3.2 *Représentation*

Contrairement aux entités du modèle conceptuel de données, il n'y a pas de pratique uniforme de représentation des tables du modèle relationnel. Néanmoins, comme pour l'entité, la représentation peut se faire sous forme d'un rectangle séparé en 3 parties :
- La partie du haut contient le nom de la table. Le stéréotype **«Table»** indique que la classe UML est considérée comme une table.
- La partie centrale contient les colonnes de la table. La table est un espace de nommage pour les colonnes ; un même nom peut être utilisé au sein de différentes tables.
- La partie du bas contient les contraintes de la table. La table n'est pas toujours un espace de nommage pour les contraintes ; nous ajoutons le nom court de la table à chaque contrainte.

```
          <<Table>>
           Usages
<<PK>> num : NUMERIC
<<M>> code : VARCHAR
<<M>> libelle : VARCHAR
descriptif : VARCHAR
PK_Usa(num)
U_Usa_code(code)
U_Usa_libelle(libelle)
```

Figure 20 – Représentation de table

---

[21] Un tuple ou n-uple ou encore n-uplet est une suite d'éléments (x_1, y_1, z_1) tels que x_1 appartient à l'ensemble X, y_1 appartient à l'ensemble Y et z_1 appartient à l'ensemble Z. Dans une table, les ensembles X, Y, Z sont matérialisés par 3 colonnes X, Y et Z.

4 Colonne

Une colonne représente un conteneur de données. Une valeur de donnée proprement dite se trouve à l'intersection d'une ligne et d'une colonne.

«PK» num	«M» code	«M» libelle	descriptif
Usages			
4	COMP	Compétition	
2	SP	Sport	
3	TOUR	Tourisme	Matériel robuste
1	GP	Grand public	Matériel d'entrée de gamme

Figure 21 - Colonnes de table nommées num, code, libelle et descriptif

Une colonne porte un nom qui la différencie des autres colonnes de la table.
Une colonne est une donnée caractérisée par un type.

Le stéréotype **«PK»** spécifie que la colonne est partie de la clé primaire.
Le stéréotype **«M»** spécifie qu'une valeur est obligatoire.

4.1 *Types de données*

Les colonnes, tout comme les attributs des entités du modèle conceptuel, sont caractérisées par un **type de données**.
Un type de données définit, plus ou moins universellement, une nature de données.
Pour ce livre, nous nous appuierons sur la typologie proposée par l'ANSI pour le langage SQL et avons retenu :

Type	Nature	Valeurs autorisées
BOOLEAN	Logique	{True, False}
VARCHAR	Textuelle	Chaîne de caractères contenant des caractères imprimables et de contrôle
NUMERIC	Numérique	Ensemble $\mathbb{D}$ (nombre décimal)
INTERVAL	Temporelle	Durée exprimée en temps
TIMESTAMP		Date et heure
DATE		Date seule
TIME		Heure seule

Tableau 1 - Principaux types de données retenus pour le modèle logique relationnel

4.2   *Tailles maximales*

Le seul type de données n'est pas toujours suffisant :
-    Si le type de données est de ***nature textuelle***, il y a lieu d'indiquer la taille maximale de la chaîne de caractères en nombre de caractères.
-    Si le type de données est de ***nature numérique***, il y a lieu d'indiquer la précision en nombre de chiffres[22] et, si nécessaire, la taille maximale de la partie décimale en nombre de chiffres.

Malheureusement, le langage UML n'offre pas de mécanisme de définition des tailles de types de données. Pour ce faire nous avons recours à des valeurs marquées [Chapitre 2.1.4].
Les valeurs marquées ne peuvent pas être présentées en regard de chaque attribut du modèle de classe UML ; de ce fait, les représentations graphiques de nos tables ne montrent pas les tailles de leurs colonnes.

<<Table>>
Usages
<<PK>> num : NUMERIC
<<M>> code : VARCHAR
<<M>> libelle : VARCHAR
descriptif : VARCHAR
PK_Usa(num)
U_Usa_code(code)
U_Usa_libelle(libelle)

Figure 22 - Absence d'indication de taille des colonnes

A titre illustratif, nous reproduisons ci-dessous l'interface utilisateur de Visual Paradigm qui nous permet de définir la taille de la colonne code de la table Usages.

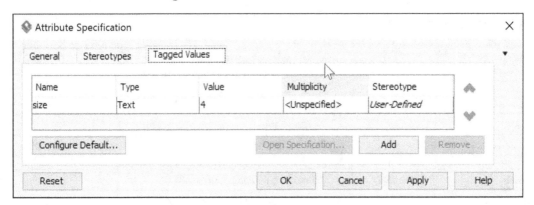

Figure 23 - Taille d'une colonne à l'aide d'une valeur marquée

L'interface VP ci-dessus mentionne ***Attribute Specification*** au lieu de ***Column Specification*** ; cela est normal car nous modélisons des classes UML et c'est uniquement par le stéréotype **«Table»** que nous voyons les classes UML comme des tables du modèle relationnel.

---

[22] Les signes + ou – peuvent être ajoutés devant toute suite de chiffres et n'interviennent pas dans le comptage de la précision.

5 Clé

5.1 *Clé primaire*

Toute table du modèle relationnel est dotée d'une seule et unique clé primaire ; une clé primaire est un identifiant technique qui permet de distinguer sans équivoque chaque ligne de la table. La clé primaire est constituée d'une ou plusieurs colonnes ; cette ou ces colonnes constitutives de la clé primaire sont marquées du stéréotype **«PK»**.

Le modèle relationnel n'impose pas de type particulier pour la ou les colonnes constitutives de clé primaire. Usuellement, les valeurs de la colonne de clé primaire sont, sauf cas particulier, des nombres entiers incrémentés de 1 à chaque nouveau tuple et la valeur par défaut du premier tuple est de 1.

Usages		
«PK» **num**	**«M»** **code**	**«M»** **libelle**
4	COMP	Compétition
2	SP	Sport
3	TOUR	Tourisme
1	GP	Grand public

Figure 24 - Valeurs de clé primaire dans la colonne num

5.2 *Clé étrangère*

Une clé étrangère est formée d'une ou de plusieurs colonnes qui réfèrent un tuple ou une ligne dans une autre table ou au sein de la même table. Une table peut avoir plusieurs clés étrangères.

La référence doit se faire sur la clé primaire de la table référencée (parent ou cible de dépendance).

Il y aura dans la table référençant (enfant ou source de dépendance) autant de colonnes qu'il y en a dans la clé primaire de la table référencée (parent ou cible de dépendance).

La valeur de chaque colonne de clé étrangère doit correspondre à une valeur de colonne de clé primaire correspondante dans la table référencée.

Usages	
«PK» **num**	**«M»** **code**
4	COMP
2	SP
3	TOUR
1	GP

Articles			
«PK» **num**	**«FK»** **Usa_adapte_num**	**«M»** **code**	**«M»** **libelle**
1	2	12.28	Fourche VTT
2	4	14.35	Amortisseur de selle
3	4	15.28	Amortisseur arrière

Source
Enfant

Cible
Parent

Figure 25 - Illustration de clé étrangère

La ou les colonnes de clé étrangère sont marquées du stéréotype «**FK**». Elles doivent reprendre la définition du type de données de chaque colonne de clé primaire correspondante. Tout changement dans la constitution d'une clé primaire doit être répercuté dans les colonnes de clés étrangères qui y réfèrent.

Le nom de la ou des colonnes de clés étrangères ① doit pouvoir donner une indication la plus claire possible quant à la table référencée, respectivement quant à son rôle.

Le nom Usa_adapte_num de la colonne de clé étrangère est formé de :

- un abrégé de la table référencée : Usa pour Usages ;
- une indication du rôle de la table référencée : adapte pour usage adapté ;
- la reprise du nom de la colonne de clé primaire de la table référencée : num.

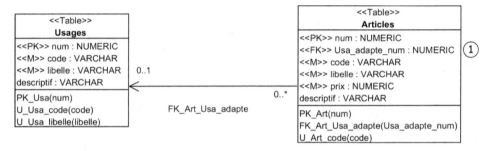

Figure 26 - Clé étrangère

5.3   *Clé secondaire*

Une clé secondaire est formée d'une ou de plusieurs colonnes significatives[23] pour l'utilisateur.

La clé secondaire est un concept essentiel mais malheureusement elle est rarement modélisée. Historiquement, elle servait à spécifier la création d'index d'accès à un ou des enregistrements. Actuellement, la création d'index, au niveau des bases de données relationnelles, est tellement aisée que l'utilisation de la notion de clé secondaire tend à disparaître au profit des seules contraintes d'unicité [Chapitre 6.2.1].

Il y a certainement une confusion entre clé secondaire, index et contrainte d'unicité pour expliquer la disparition des clés secondaires de la plupart des manuels ou outils de modélisation.
- L'index est une préoccupation de performance de la base de données, il est donc une nécessité du modèle physique qui ne doit pas être spécifiée au niveau du modèle (logique) relationnel.
- La contrainte d'unicité est une préoccupation du modèle relationnel car elle va contraindre la saisie des données en interdisant les doublons.
- Un index est une clé secondaire qui permet d'accéder rapidement à un ou plusieurs enregistrements qui satisfont au critère de recherche (la ou les colonnes de la clé secondaire, respectivement de l'index).
- Une contrainte d'unicité est un index particulier. C'est un index qui n'accepte pas de duplication de sa ou de ses colonnes constitutives. Nous nommons la clé secondaire qui spécifie une contrainte d'unicité discriminante : *clé secondaire unique*.

Une *clé secondaire unique* peut se substituer partiellement à la clé primaire car tout comme la clé primaire, elle permet d'accéder à un et un seul tuple de la table.
La substitution est univoque : la valeur d'une clé secondaire unique donne accès à un et un seul tuple de la table. Toutefois, la réciproque n'est pas vraie : chaque tuple de la table n'a pas obligatoirement de valeur de clé secondaire unique.

Pour qu'une clé secondaire unique puisse se substituer complètement (substitution biunivoque) à la clé primaire, elle doit obligatoirement avoir une valeur. Nous la nommons *clé secondaire unique et non nulle*.

Les clés secondaires uniques et les clés secondaires uniques et non nulles permettent de concevoir des interfaces utilisateurs basés sur des colonnes significatives pour l'utilisateur. En effet, hormis des cas particuliers, les colonnes de clés primaires et de clés étrangères sont de nature technique et n'ont aucune signification pour l'utilisateur.

5.3.1   **Clé secondaire discriminante**

Dans un modèle relationnel ne doivent apparaître que des clés secondaires discriminantes réalisées par des contraintes d'unicité.
Selon que la ou les colonnes soient optionnelles ou obligatoires, nous aurons l'une ou l'autre clé secondaire discriminante :

- *Clé secondaire unique*. Une clé secondaire discriminante dont toutes les colonnes constitutives sont optionnelles.
- *Clé secondaire unique et non nulle*. Une clé secondaire discriminante dont au moins une des colonnes constitutives est obligatoire.

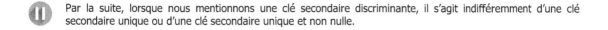 Par la suite, lorsque nous mentionnons une clé secondaire discriminante, il s'agit indifféremment d'une clé secondaire unique ou d'une clé secondaire unique et non nulle.

---

[23] Des colonnes issues de l'analyse du métier de l'utilisateur.

5.3.1.1 Clé secondaire unique

Une clé secondaire unique est formée d'une ou plusieurs colonnes dont aucune n'est obligatoire et qui, ensemble, sont uniques.

Lorsque la ou les colonnes qui constituent une clé secondaire unique sont renseignées, la clé secondaire unique peut se substituer à la clé primaire pour distinguer un tuple de table.

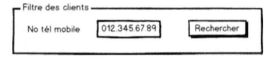

 Pour l'exemple ci-contre, le numéro de téléphone du client est une clé secondaire unique.

Si un client a été saisi avec le numéro de téléphone 012.345.67.89, il va être trouvé sans ambiguïté en lançant la recherche.

Figure 27 - Clé secondaire unique

5.3.1.2 Clé secondaire unique et non nulle

Une clé secondaire unique et non nulle est formée d'une ou plusieurs colonnes dont une au minimum est obligatoire et qui, ensemble, sont uniques.

Comme son nom l'indique, la clé secondaire se substitue à la clé primaire pour autant qu'elle soit unique et non nulle afin de distinguer sans équivoque chaque tuple de la table.

Une clé secondaire unique et non nulle est indispensable pour permettre à un utilisateur de référencer tout tuple (ligne) de table.

En effet, en de nombreuses situations, l'utilisateur ne connait pas la clé primaire mais une donnée métier comme le libellé d'un usage (Compétition dans l'exemple ci-contre).

Figure 28 - Clé secondaire unique et non nulle

Naturellement, un traitement informatique devra rechercher la valeur de clé primaire correspondant au libellé Compétition, 4 selon la Figure 24. Ensuite, ce traitement informatique devra mettre cette valeur 4 comme contenu de la colonne de clé étrangère Usa_adapte_num de la Figure 25.

La contrainte de clé secondaire unique et non nulle expliquée ci-dessus s'applique à un usage d'article qui doit être retrouvé sans équivoque.

Par contre, plusieurs articles peuvent avoir un même usage, nous le voyons dans la Figure 25. L'article de code 15.28 est destiné à la compétition tout comme l'article 14.35 illustré ci-dessus.

6   Contrainte

Une contrainte est une condition que doit satisfaire tout ou partie (des valeurs de données) d'une table.
Une contrainte s'applique à une colonne ou à la table.

6.1   *Contrainte de colonne*

Le type de données d'une colonne est une première contrainte de colonne, l'obligation de valeur d'une colonne en est une deuxième.

6.1.1   Valeur non nulle

Par défaut, la valeur d'une colonne non renseignée est nulle et reconnue comme telle avec le mot-clé **NULL**.
La contrainte **NOT NULL** interdit l'enregistrement d'une valeur nulle.

La contrainte de valeur non nulle se modélise en mettant le stéréotype **«M»**[24] à la colonne obligatoire.

<<Table>>
Usages
<<PK>> num : NUMERIC
<<M>> code : VARCHAR
<<M>> libelle : VARCHAR
descriptif : VARCHAR

Figure 29 – Contraintes de colonnes

6.2   *Contrainte de table*

Une contrainte de table peut recevoir une ou plusieurs colonnes de la table en paramètre.
Une contrainte de table porte un nom qui la différencie des autres contraintes de table.

Les contraintes de table sont représentées sous forme d'opérations UML ; à chaque contrainte de table est associée une opération UML.
La ou les colonnes contraintes sont représentées par le ou les paramètres de l'opération UML[25].

Le nom de la contrainte doit être suffisamment parlant pour retrouver aisément sa nature et son champ d'application.
Un préfixe est souvent utilisé pour déterminer la nature de la contrainte.

<<Table>>
Usages
<<PK>> num : NUMERIC
<<M>> code : VARCHAR
<<M>> libelle : VARCHAR
descriptif : VARCHAR
PK_Usa(num)
U_Usa_code(code)
U_Usa_libelle(libelle)

Figure 30 - Contraintes de table

Contrainte SQL-DDL[26]	Préfixe	Nature
UNIQUE	U	Unicité de valeur
PRIMARY KEY	PK	Clé primaire – Identifiant technique de référencement de tuple
FOREIGN KEY	FK	Clé étrangère – Mécanisme de lien entre tuples
CHECK[27]	CHK	Assertion à vérifier par les valeurs de données

Tableau 2 - Préfixes des noms de contraintes

---

[24] M comme Mandatory.
[25] Dans la partie suivante [Modèle logique de données relationnel (MLD-R)], nous verrons des contraintes avec un paramétrage différent.
[26] Au sein du langage SQL-DDL (Glossaire en page 173) des mots réservés identifient les différentes natures de contraintes.
[27] Les contraintes de CHECK seront traitées dans une prochaine édition.

Pour ce chapitre les noms des contraintes respectent les motifs suivants :

Contrainte SQL-DDL		Motif
UNIQUE	Colonne(s)[28]	{U}{_}{tableShortName}{_}{columnsName}
	FK Card max de 1[29]	{U}{_}{childTableShortName}{_} {parentTableShortName}{_}{parentRoleName}
PRIMARY KEY		{PK}_{tableShortName}
FOREIGN KEY		{FK}{_}{childTableShortName}{_} {parentTableShortName}{_}{parentRoleName}

Tableau 3 - Nommage des contraintes

La signification des éléments des motifs est donnée ci-après :

Elément	Signification
U	Préfixe de contrainte d'unicité
PK	Préfixe de contrainte de clé primaire
FK	Préfixe de contrainte de clé étrangère
childTableShortName	Nom de la table enfant ou source d'une contrainte de clé étrangère
colName	Nom de colonne de PK repris pour la FK
columnsName	Nom des colonnes participantes
parentRoleName	Rôle de la table parent
parentTableShortName	Nom de la table parent ou cible d'une contrainte de clé étrangère
tableShortName	Nom court de la table source de la contrainte

Tableau 4 - Signification des éléments de nommage

---

[28] Unicité d'une ou plusieurs colonnes. En fait, c'est la spécification des clés secondaires discriminantes.
[29] Unicité pour assumer une cardinalité maximale de 1 pour la table référencée (ou parent) d'une contrainte de clé étrangère.

6.2.1 Unicité

La contrainte d'unicité s'applique à une ou plusieurs colonnes.
La contrainte d'unicité, **UNIQUE**, interdit la saisie de valeurs redondantes pour une colonne ou pour plusieurs colonnes formant un tout.
Une valeur de colonne nulle peut être considérée comme discriminante ou pas dans le cadre d'une contrainte basée sur plusieurs colonnes.

<<Table>>		
Usages		
<<PK>> num : NUMERIC		
<<M>> code : VARCHAR		
<<M>> libelle : VARCHAR		
descriptif : VARCHAR		
PK_Usa(num)		
U_Usa_code(code)		①
U_Usa_libelle(libelle)		

① U_Usa_code et U_Usa_libelle sont deux contraintes d'unicité.
- U_Usa_code est la contrainte d'unicité[30] de la colonne code.
- U_Usa_libelle[31] est la contrainte d'unicité de la colonne libelle.

Une contrainte d'unicité constituée de colonnes dont une au moins est obligatoire est implicitement une clé secondaire unique et non nulle.

Figure 31 - Contrainte d'unicité

6.2.2 Clé primaire

La contrainte de clé primaire s'applique à une ou plusieurs colonnes ; la plupart des systèmes de gestion de bases de données relationnelles, abrégés SGBD-R, offrent une solution de gestion automatisée des clés primaires et de leur obligation de valeur non nulle, d'unicité et de stabilité.
La contrainte de clé primaire, **PRIMARY KEY**, inclut :
- la contrainte de valeur non nulle, **NOT NULL**, pour chacune des colonnes constitutives ;
- la contrainte d'unicité, **UNIQUE**.

De plus, elle assume que les valeurs de chacune des colonnes constitutives ne soient jamais modifiées, ce que nous nommons la *stabilité*.

La *stabilité* de la clé primaire est indispensable à garantir la pérennité des liens entre tables. En effet, la cible d'une clé étrangère ne saurait être modifiée[32] au risque d'avoir une source invalide.

---

[30] Spécification implicite d'une clé secondaire unique et non nulle. La clé secondaire est non nulle car la colonne code est obligatoire.
[31] Spécification implicite d'une clé secondaire unique et non nulle. La clé secondaire est non nulle car la colonne libelle est obligatoire.
[32] La plupart des SGBD-R offrent des mécanismes de mise à jour en cascade qui, à leurs tours, amènent des problèmes de gestion de transactions.

6.2.3   Clé étrangère

La contrainte de clé étrangère, **FOREIGN KEY**, assume l'intégrité du référencement de la ou des colonnes de clés étrangères lors de manipulations de données :

- En cas d'ajout ou de modification au sein de la table référençant, le SGBD-R vérifie que le tuple ou la ligne référencée existe dans la table de référence.
- En cas de suppression ou de modification au sein de toute table, le SGBD-R vérifie qu'il n'y aura pas de tuple ou de ligne sans référence (orpheline) dans une table enfant ou source de référencement.

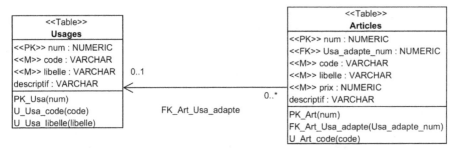

Figure 32 - Contrainte de clé étrangère entre Usages et Articles

Le nom "FK_Art_Usa_adapte" de la contrainte de clé étrangère de la Figure 32 est formé :

- du préfixe **FK** pour **FOREIGN KEY** ;
- d'une indication de la table source de la contrainte : Art pour Articles ;
- d'une indication de la table cible de la contrainte : Usa pour Usages ;
- d'une indication du rôle de la table cible : adapte[33].

6.3   *Contrainte d'indexation*

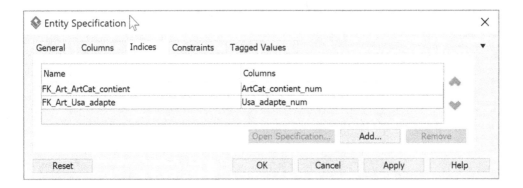

---

[33] Usage (ou utilisation) adapté(e) à un article.

7 Relation

Comme déjà évoqué, nous utilisons le terme de ***relation*** pour qualifier les "liens" entre tables.

Une relation est réalisée par une contrainte de clé étrangère, mais la seule contrainte de clé étrangère ne suffit pas à porter toute la sémantique des "liens" entre tables comme par exemple les cardinalités que nous évoquons plus en avant.

7.1 *Représentation graphique*

La représentation graphique de la contrainte de clé étrangère, sous forme de lien entre table(s), peut être vue comme une redondance ou pas selon la richesse de nos règles de modélisation :
- Il y a redondance si l'on prend en compte le fait que le nom de la contrainte de clé étrangère informe déjà d'une contrainte de clé étrangère.
- Il y a redondance entre la cardinalité minimale (0 ou 1) côté parent et la contrainte de valeur (nulle ou pas) de la ou des colonnes de clé étrangère.
- Il n'y a pas de redondance en prenant en compte la cardinalité minimale de la table référencée ou parent. En effet, le modèle relationnel conventionnel ne prend pas en compte le fait qu'un tuple de la table parent doit avoir ou pas un tuple référencé dans la table enfant.
- Il n'y a pas de redondance si la représentation graphique montre des contraintes particulières comme la non modification d'une clé étrangère existante ou que le nom de la contrainte prête à confusion.

7.2 *Cardinalité*

7.2.1 Concept

La **cardinalité** ou **multiplicité** dans la terminologie UML est un couple de nombres qui exprime la participation des tuples ou lignes d'une table à une relation avec une autre table[34].

Le premier nombre, C_{min}, indique la participation minimale :
- 0 ; la participation est optionnelle.
- 1 ; la participation est obligatoire.
- i de 2 à C_{max} ; i participations minimales obligatoires.

Le deuxième nombre, C_{max}, indique la participation maximale :
- 1 ; la participation est limitée à une seule association.
- * ou n ; la participation peut être infinie.
- j de C_{min} à $\infty-1$; la participation maximale est limitée à j.

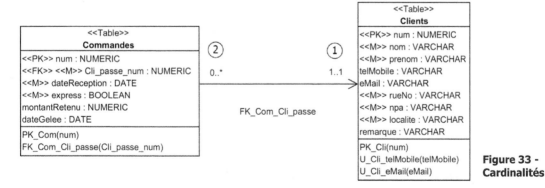

Figure 33 - Cardinalités

---

[34] La relation peut aussi se faire au sein de la table elle-même dans le cas d'une relation réflexive.

① La cardinalité 1 ou 1..1 côté Clients signifie que :

Une commande ne peut exister que si elle est attribuée à un client, $C_{min} = 1$, mais elle ne peut être attribuée qu'à un et un seul client, $C_{max} = 1$.

② La cardinalité 0..* ou * côté Commandes signifie que :

Un client peut exister sans avoir passé de commande, $C_{min} = 0$, mais il peut en passer plusieurs, $C_{max} = *$.

En UML, la cardinalité d'une classe participant à une association se lit sur la classe opposée.
Par ailleurs, l'écriture des multiplicités (cardinalités) peut être simplifiée comme suit :

-    1 pour 1..1
-    * pour 0..*

7.2.2 Table référençant (enfant ou source de dépendance)

Pour rappel : La cardinalité ① de la table référençant (enfant) se lit en regard de la table référencée[35] (parent).

 Une commande est passée par un et un seul client.

Les colonnes de clé étrangère de la table référençant ou enfant ne peuvent contenir, chacune, qu'une seule valeur, ce qui implique que :

 La cardinalité maximale de la table référant ou enfant ① sera toujours de 1 au maximum.

La cardinalité minimale de 0 ou 1 est gérée en posant ou pas une contrainte de valeur non nulle sur les colonnes de clé étrangère. Il y a contrainte de valeur non nulle en mettant le stéréotype **«M»** ② sur chacune des colonnes constitutives de la clé étrangère.

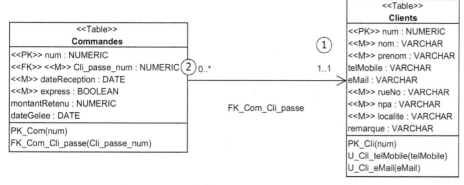

Figure 34 - Cardinalité de la table référençant Commandes

7.2.3 Table référencée (parent ou cible de dépendance)

Pour rappel : La cardinalité ① de la table référencée (parent) se lit en regard de la table référençant[36] (enfant).

 Un client peut exister sans passer de commande, mais il peut aussi en passer plusieurs.

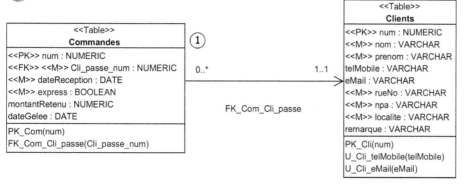

Figure 35 - Cardinalité de la table référencée Clients

---

[35] Côté flèche de la représentation graphique.
[36] Côté opposé à la flèche de la représentation graphique.

La cardinalité minimale (0 ou 1) ne peut pas être gérée par une contrainte de table. Il faudra faire appel à du code spécifique.

La cardinalité maximale (1 ou *) est gérée en posant ou pas une contrainte d'unicité sur la ou les colonnes de clé étrangère. Il y aurait contrainte d'unicité ① pour une cardinalité maximale de 1 et pas de contrainte pour une cardinalité maximale de plusieurs (*).

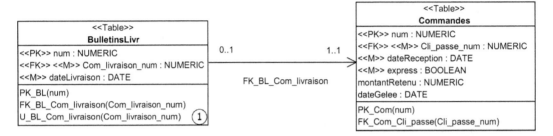

Figure 36 - Cardinalité maximale de 1 et contrainte d'unicité de la table référencée Commandes

7.3   *Degré de relation*

Une relation est dite de degré 1:1 lorsque les cardinalités maximales des deux extrémités sont de 1.

Une relation est dite de degré 1:n lorsqu'un enregistrement de la table référencée (parent) peut avoir plusieurs enregistrements le référençant au sein de la table enfant.

Degré	Explication synthétique
1:1	1 parent et 1 enfant
1:n	1 parent et plusieurs enfants

Il ne peut pas y avoir de relation de degré n:n dans le modèle logique relationnel car les colonnes de clé étrangère ne peuvent contenir que des données atomiques [Chapitre 21.1] référant un et un seul tuple de la table parent ou cible de la relation.

7.4   *Relation réflexive*

Une relation peut se faire au sein d'une même table. Nous parlons de relation réflexive.

Une relation réflexive représente :
- Un arbre si elle est de degré 1:n.
- Une liste si elle est de degré 1:1.

7.4.1   Arbre - Relation réflexive de degré 1:n

Personnes			
«PK» num	«FK» Pers_pere_num	«M» nom	«M» prenom
1		Marron	Jean
2	1	Marron	Albert
3	1	Marron	Marie
4	1	Marron	Etienne
5	2	Marron	Jeanne
6	2	Marron	Robert
7	6	Marron	Stéphane
8	6	Marron	Philippe
10	4	Marron	Paul
11	10	Marron	Pierre

Relation réflexive

Figure 37 - Illustration d'arbre

Le nom de la colonne de clé étrangère doit être suffisamment explicite pour comprendre le rôle joué par chacun des 2 tuples participant à la relation.

 La colonne de clé étrangère Pers_pere_num réfère à une autre personne qui a le rôle de parent (au sens informatique) pour le tuple courant.

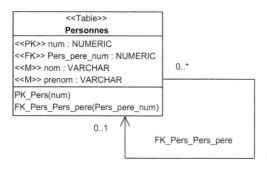

Figure 38 - Relation réflexive d'arbre

7.4.2 Liste - Relation réflexive de degré 1:1

Personnes			
«PK» num	«FK» Pers_aine_num	«M» nom	«M» prenom
1		Marron	Jean
2		Marron	Albert
3	2	Marron	Marie
4	3	Marron	Etienne
5		Marron	Jeanne
6	5	Marron	Robert
7		Marron	Stéphane
8	7	Marron	Philippe
10		Marron	Paul
11		Marron	Pierre

Relation réflexive

Figure 39 - Illustration de liste

Le nom de la colonne de clé étrangère doit être suffisamment explicite pour comprendre le rôle joué par chacun des 2 tuples participant à la relation.

 La colonne de clé étrangère Pers_aine_num réfère à une autre personne qui a le rôle de frère aîné pour la personne représentée par la ligne courante.

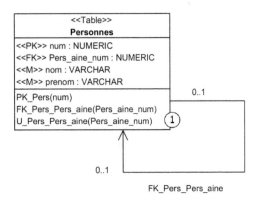

Figure 40 - Relation réflexive de liste

FK_Pers_Pers_aine

La contrainte d'unicité sur les colonnes de clé étrangère réalise le degré 1:1 de la relation.
Un tuple de la table parent ne peut être lié qu'à un seul tuple de la table enfant.

7.5 *Relation identifiante primaire*

La ou les colonnes constitutives d'une relation (contrainte de clé étrangère) constituent tout ou partie d'une contrainte de clé primaire ; une telle relation est qualifiée de relation identifiante primaire.

Usines			Ateliers			
«PK» num	«M» nom		«PFK» Us_comporte_num	«PK» numdep	«M» nom	
1	Lac		1	1	Assemblage 1	
2	Montagne		1	2	Assemblage 2	
			1	3	Soudure	
			2	1	Soudure	
			2	2	Usinage	

Cible
Parent

Source
Enfant

Figure 41 - Illustration de relation identifiante primaire

Nous utilisons le symbole de composition d'UML, diamant noir, pour marquer une relation identifiante primaire. La ou les colonnes de clés étrangères qui constituent tout ou partie de la clé primaire sont marquées du stéréotype **«PFK»**.

Une table peut être identifiée par plusieurs relations identifiantes primaires, par exemple une table associative [Chapitre 9.3].

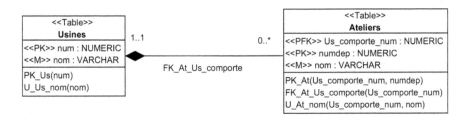

Figure 42 - Relation identifiante primaire

 Usuellement, une relation identifiante primaire est nommée simplement relation identifiante. Nous rajoutons le qualificatif de primaire car, dans la partie suivante [Modèle logique de données relationnel (MLD-R)], nous présenterons une autre sorte de relation identifiante qui sera qualifiée de secondaire.
Dès lors, pour la suite du livre, la notion de relation identifiante est une généralisation qui se déclinera en relation identifiante primaire ou relation identifiante secondaire.

8   Relation et clé secondaire discriminante

Une relation peut participer à la définition d'une ou plusieurs clés secondaires uniques et non nulles.
Nous avons indiqué précédemment que les colonnes de clés secondaires sont significatives pour l'utilisateur. Les colonnes de clés étrangères font exception. Cette exception n'est pas gênante car les interfaces utilisateurs ne montreront pas les valeurs de clés étrangères, mais l'une ou l'autre clé secondaire de la table référencée.

8.1   *Relation identifiante primaire*

A mon sens, une relation identifiante primaire devrait toujours participer à la constitution de la ou des clés secondaires uniques et non nulles de par le seul fait qu'elle identifie. Toutefois, cela relève du choix du métamodèle de modélisation et/ou de la démarche d'ingénierie mise en œuvre.

Usines	
«PK» **num**	**«M»** **nom**
1	Lac
2	Montagne

Ateliers		
«PFK» **Us_comporte_num**	**«PK»** **numdep**	**«M»** **nom**
1	1	Assemblage 1
1	2	Assemblage 2
1	3	Soudure
2	1	Soudure
2	2	Usinage

Cible
Parent

Source
Enfant

Figure 43 - Relation identifiante primaire constitutive d'une clé secondaire unique et non nulle

Nous voyons dans la Figure 43 que deux ateliers portent le même nom : Soudure.
Un atelier est propre à l'usine Lac et l'autre à l'usine Montagne.

La contrainte d'unicité U_At_nom, ① ci-dessous, est basée sur les colonnes Us_comporte_num et nom.
La contrainte d'unicité U_At_nom est une clé secondaire unique et non nulle implicite car ses deux colonnes sont obligatoires.

Le nom d'un atelier est unique mais dans le contexte de son parent, c'est-à-dire une usine.

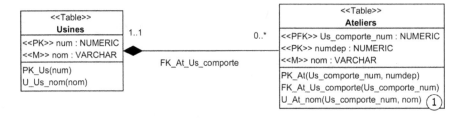

Figure 44 - Clé secondaire unique et non nulle

8.2 *Relation non identifiante*

Une relation non identifiante peut aussi participer à la constitution de clés secondaires discriminantes.

Dans le cadre de liens réflexifs, il est souvent nécessaire de recourir à la relation avec le parent (au sens informatique) pour identifier un tuple.

ArtCategories			
«PK» num	«FK» ArtCat_divisee_num	«M» code	«M» libelle
1		AM	Amortisseurs
2		FT	Fourches télescopiques
3		ROU	Roues
4		TS	Tiges de selle
5	1	AV	Avant
6	1	ARR	Arrière
7	3	AV	Avant
8	3	ARR	Arrière
10	4	AS	Amortisseurs de selle

Relation participant à 2 clés secondaires uniques et non nulles

Figure 45 - Illustration de relation participant à 2 clés secondaires uniques et non nulles

Nous voyons dans la Figure 45 que deux catégories d'articles portent le même nom : Avant.
Une catégorie Avant est une sous-catégorie de Roues et l'autre de Amortisseurs. Plus simplement, nous avons la catégorie des roues avant et la catégorie des amortisseurs avant.

La contrainte d'unicité U_ArtCat_libelle est basée sur les colonnes ArtCat_divisee_num et libelle.
La contrainte d'unicité U_ArtCat_libelle est une clé secondaire unique et non nulle implicite car la colonne libelle est obligatoire. Il en est de même pour U_ArtCat_code qui est une 2ème clé secondaire.

Une catégorie peut ne pas avoir de parent afin de pouvoir créer les catégories racines des arbres.
Pour les catégories racines, la catégorie parent est absente et seul le libellé (ou le code pour la 2ème contrainte d'unicité) est unique.
Les amortisseurs et les roues sont des catégories racines, donc sans ancêtre.

FK_ArtCat_ArtCat_divisee

0..1

0..*

<<Table>>
ArtCategories

<<PK>> num : NUMERIC
<<FK>> ArtCat_divisee_num : NUMERIC
<<M>> code : VARCHAR
<<M>> libelle : VARCHAR
descriptif : VARCHAR

PK_ArtCat(num)
FK_ArtCat_ArtCat_divisee(ArtCat_divisee_num)
U_ArtCat_code(ArtCat_divisee_num, code)
U_ArtCat_libelle(ArtCat_divisee_num, libelle)

Figure 46 - Relation non identifiante

9 Typologie des tables

9.1 *Table indépendante*

```
           <<Table>>
           Articles

<<PK>> num : NUMERIC            (2)
<<FK>> <<M>> ArtCat_contient_num : NUMERIC
<<FK>> Usa_adapte_num : NUMERIC
<<M>> code : VARCHAR
<<M>> libelle : VARCHAR
<<M>> prix : NUMERIC
descriptif : VARCHAR

PK_Art(num)                          (1)
FK_Art_ArtCat_contient(ArtCat_contient_num)
FK_Art_Usa_adapte(Usa_adapte_num)
U_Art_code(code)
```

Nous qualifions d'indépendante une table dont la clé primaire est constituée de colonnes qui lui sont propres et ne proviennent pas d'une contrainte de clé étrangère.

Pour ce livre, les contraintes de clés primaires ① des tables indépendantes sont basées sur une colonne nommée **num**[37] ②, de type numérique et incrémentée automatiquement de 1 à ∞.

Figure 47 - Table indépendante

Tout tuple ou toute ligne de la table Articles, ci-dessous, doit obligatoirement être relié à un tuple de ArtCategories. Ce lien peut être modifié tant que l'unicité de la clé secondaire unique et non nulle basée sur la contrainte d'unicité U_Art_code(code) est respectée.

Articles et ArtCategories, ci-dessous, sont deux tables indépendantes.

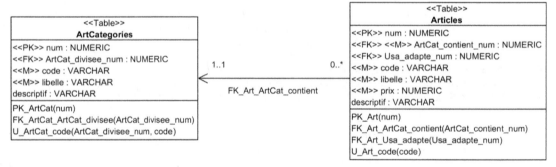

Figure 48 - Indépendance d'identification de la table Articles

---

[37] Le nom importe peu en définitive ; ce qui importe, c'est d'appliquer des règles de nommage et de les respecter.

9.2   *Table dépendante*

Nous qualifions de dépendante une table dont la clé primaire est formée, en totalité ou partiellement, de la ou des colonnes constitutives d'une relation identifiante primaire.

Usines	
«PK» num	«M» code
1	Lac
2	Montagne

Ateliers		
«PFK-1» Use_comporte_num	«PK» numdep	«M» nom
1	1	Assemblage 1
1	2	Assemblage 2
1	3	Soudure
2	1	Soudure
2	2	Usinage

Relation identifiante

Figure 49 - Illustration de table dépendante

Une table dépendante peut être identifiée par plusieurs relations identifiantes primaires. Elle aura ou pas une colonne d'identité relative à l'ensemble des parents des diverses relations identifiantes primaires.

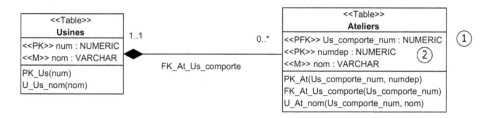

Figure 50 - Table dépendante

La table **Ateliers** de la Figure 50 est une table dépendante.
Pour ce livre, les colonnes d'identification constitutives de contraintes de clés primaires de tables dépendantes sont nommées **numdep**[38]. Elles sont de type numérique et incrémentées automatiquement de 1 à ∞ pour chaque nouveau parent ou nouvel ensemble de parents.

 Une table dépendante dont la clé primaire est formée de la ou des colonnes constitutives d'une relation identifiante primaire ① et d'une colonne d'identité relative à chaque parent de la relation identifiante ② est la transposition, au niveau du modèle logique relationnel, de l'entité dépendante du modèle conceptuel [Chapitre 35.1].
Une table dépendante dont la clé primaire est formée en totalité de la ou des colonnes constitutives d'une relation identifiante primaire est la transposition, au niveau du modèle logique relationnel, de l'entité spécialisée du modèle conceptuel [Chapitre 35.7].

---

[38] Le nom importe peu en définitive ; ce qui importe, c'est d'appliquer des règles de nommage et de les respecter.
Le postfixe *dep* de **numdep** sert à conforter le caractère de table dépendante par opposition à **num** qui s'applique à des tables indépendantes.

9.3   *Table associative*

Une table associative est une table dont la clé primaire est formée des colonnes provenant de *deux* relations identifiantes primaires ou plus.

La clé primaire d'une table associative est formée des colonnes constitutives des clés étrangères des relations identifiantes primaires.

ArtCategories	
«PK» num	«M» code
1	ROU
2	FT
3	AM
4	TS

Primes		
«PFK» ArtCat_num	«PFK» CliCat_num	«M» valeur
3	2	5
1	2	10
1	4	5

CliCategories	
«PK» num	«M» libelle
1	Constructeur
2	Distributeur
3	Privé
4	Revendeur

Relation identifiante   Relation identifiante

Figure 51 - Illustration de table associative

Une structure - table associative et relations identifiantes primaires - est un produit cartésien.
- Les tables cibles de relations identifiantes sont les axes ou dimensions du produit cartésien.
- La table associative matérialise l'ensemble des couples du produit cartésien.

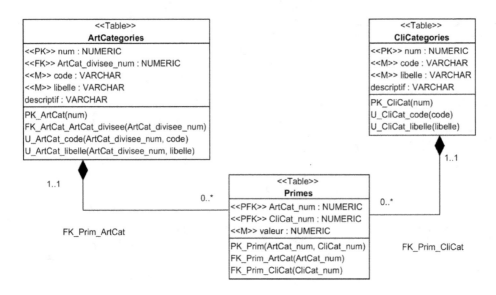

Figure 52 - Table associative

 Avec les tables associatives et dans un souci de lisibilité, nous n'indiquons pas toujours la table source de relation dans les noms de contraintes et de colonne(s) de clé étrangère.

9.4 *Table associative – Graphe*

Le modèle relationnel n'autorise que des associations de degré 1:1 ou 1:n.

Des relations de degré n:n ne sont pas possibles car elles violeraient la 1ère règle de normalisation d'un schéma relationnel [Chapitre 21.1].

Pour représenter un graphe [PAS-1 – Graphe], nous recourons à une table associative. Une seule table est source des 2 axes du produit cartésien.

Stations	
«PK» num	«M» nom
1	Les Prés
2	La Gare
3	Gd Rue
4	Ramuz
5	Gd Place
6	Théâtre

Liaisons		
«PFK» Sta_depart_num	«PFK» Sta_arrivee_num	«M» tempsTrajet
1	2	3
2	1	5
3	2	3
3	5	3
5	4	2
4	6	5
4	3	2

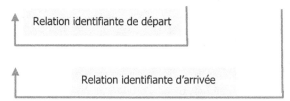

Relation identifiante de départ

Relation identifiante d'arrivée

Figure 53 - Illustration de table associative représentant un graphe

Les noms des colonnes de clés étrangères doivent être suffisamment explicites pour comprendre le rôle joué par chacun des 2 tuples participant à l'identification du tuple de la table associative.

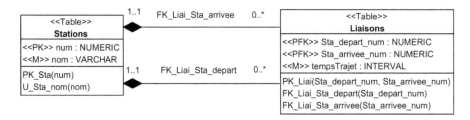

Figure 54 - Table associative représentant un graphe

9.5   *Règles de nommage*

Usuellement, les noms des objets créés sont formés à partir :

- de lettres minuscules ;
- de lettres majuscules ;
- de chiffres ;
- du caractère de soulignement.

Les noms ne doivent pas commencer par un chiffre.
Le caractère de soulignement est utilisé comme séparateur entre éléments constitutifs d'un nom.

Usuellement, les noms de tables sont mis au pluriel et un nom abrégé de la table est utilisé pour nommer les contraintes qui y réfèrent [Figure 32].

Selon le SGBD-R qui sera utilisé, la taille maximale des noms peut être limitée. Par exemple : Oracle a longtemps limité la taille de la plupart des noms à 30 caractères.

9.5.1.1   **Noms prédéfinis**

Nous vous proposons ci-dessous les noms que nous utilisons couramment :

Colonne		
Clé primaire		
	Table indépendante	num, numero ou Numero
	Table dépendante	numdep ou numerodep numDep, numeroDep ou NumeroDep
	Clé étrangère	{parentTableShortName}{parentNameSep}{parentRoleName}{_}{colName}
Contrainte de table		
	Unicité	{U}{_}{tableShortName}{_}{columnsName}
	Clé primaire	{PK}_{tableShortName}
	Clé étrangère	{FK}{_}{childTableShortName}{_}{parentTableShortName}{_}{parentRoleName}

La signification des éléments des expressions régulières est donnée au chapitre 6.2.

Modèle logique de données relationnel (MLD-R)

10   Problématique

La représentation du modèle relationnel décrite dans la partie précédente a été axée sur les bases du modèle relationnel. L'objectif était essentiellement pédagogique et visait à l'acquisition des éléments fondamentaux du modèle relationnel avec un maximum de rigueur.

Cette partie présente un enrichissement de la représentation du modèle relationnel en un modèle logique de données relationnel (MLD-R). Cet enrichissement est indispensable à une démarche d'ingénierie s'appuyant sur des modèles et leur transformation.
- Lors de la transformation du modèle conceptuel de données (MCD) en un modèle logique de données relationnel (MLD-R), la richesse des spécifications du MCD doit se retrouver, sans perte de sémantique, au sein du MLD-R.
- Lors de la transformation du MLD-R en modèles physiques spécifiques aux différentes bases de données (MPD-R), les spécifications d'intégrité des données du MPD-R doivent trouver leur source dans le MLD-R.

A titre d'exemple :
- Les types de données des attributs du MCD se retrouvent en tant que contraintes des colonnes du MLD-R.
- L'éventuelle contrainte d'ordonnancement d'une entité, **{ordered}**, devient une colonne d'ordonnancement, ordre, et une contrainte d'ordonnancement **«ORD-1»**.

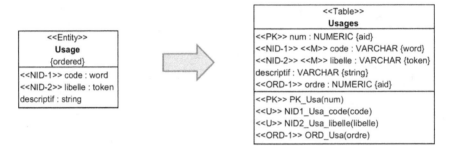

Figure 55 - Types de données

Pour réaliser cet enrichissement du modèle relationnel, nous nous appuierons sur les mécanismes d'extension d'UML, à savoir :
- les stéréotypes ;
- les contraintes ;
- les valeurs marquées.

11   Types de données

Les types de données proposés par l'ANSI pour le langage SQL [Tableau 1] sont très limités sémantiquement. Par exemple, pour spécifier qu'une chaîne de caractère ne peut pas contenir d'espace, il y a lieu d'écrire une contrainte **CHECK** pour chaque colonne de ce type.

Avec le modèle logique présenté dans ce livre, il suffit d'ajouter une contrainte UML d'enrichissement du type de données standard [Chapitre 4.1].
Pour les colonnes de textes, nous avons retenu les contraintes UML suivantes :

Contrainte UML de type	Valeurs de colonnes autorisées
{string}	Chaînes de caractères pouvant contenir également les caractères de contrôle CR, LF et TAB
{normalizedString}	Chaînes de caractères sans caractère de contrôle
{token}	Chaînes de caractères sans caractère de contrôle ni espace superflu ; un seul espace sépare deux mots
{word}	Chaînes de caractères sans caractère de contrôle ni espace
{email}	Adresse e-mail valide
{httpURL}	URL valide
{xml}	Contenu XML bien formé (well-formed XML document)

Tableau 5 - Contraintes de type textuel

Les contraintes de type textuel sont reprises des types de données enrichis que nous avons défini au niveau conceptuel. Pour les types numériques et temporels, le lecteur voudra bien se référer à [PAS-1 – Type de données].

```
                <<Table>>
                 Articles
<<PK>> num : NUMERIC {aid}
<<FK-1>> <<M>> ArtCat_contient_num : NUMERIC {aid}
<<FK-2>> Usa_adapte_num : NUMERIC {aid}
<<NID-1>> <<M>> code : VARCHAR {word}
<<M>> libelle : VARCHAR {token}
<<M>> prix : NUMERIC {nonNegativeMoney}
descriptif : VARCHAR {string}

<<PK>> PK_Art(num)
<<FK-1>> FK1_Art_ArtCat_contient(ArtCat_contient_num)
<<FK-2>> FK2_Art_Usa_adapte(Usa_adapte_num)
<<U>> NID1_Art_code(code)
```

La contrainte **{aid}** s'utilise pour définir le type des clés primaires et des clés étrangères. Elle spécifie une valeur numérique entière et positive conformément à la définition de clé primaire donnée au Chapitre 5.1

Figure 56 - Contraintes de types de données

12 Extension des stéréotypes

12.1 *Stéréotypes des contraintes de table*

Nous avons vu au chapitre 6.2 que les contraintes de table sont représentées sous forme d'opérations UML et que nous les distinguons par leur nom.

Si la représentation sous forme d'opération UML est satisfaisante, la distinction de la nature des contraintes par un préfixe est peu satisfaisante. Pour corriger cela, nous ajoutons à chaque opération UML un stéréotype qui fixe clairement et sans ambiguïté la nature de chaque contrainte indépendamment de son nom.

Contrainte SQL-DDL	Stéréotype	Nature
UNIQUE	**«U»**	Unicité de valeur
PRIMARY KEY	**«PK»**	Clé primaire
FOREIGN KEY	**«FK-i»**	Clé étrangère ou intégrité référentielle
--[39]	**«ORD-i»**	Ordonnancement
--	**«JNL»**	Journalisation
--	**«PEA-i»**	Pseudo entité associative

Certaines contraintes sont indicées -{i} car elles peuvent être multiples pour une table et chacune doit être identifiée aisément. L'indice des contraintes **«PEA-{i}»** correspond à l'indice de la contrainte de clé étrangère porteuse de la pseudo entité associative.

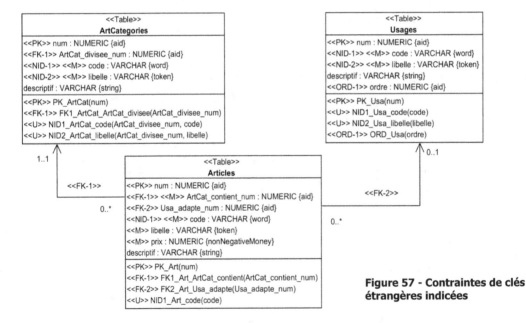

Figure 57 - Contraintes de clés étrangères indicées

---

[39] Les contraintes d'ordonnancement, de journalisation et de pseudo entité associative n'existent pas au sein du langage SQL-DDL. Nous les avons créées pour ne pas perdre de sémantique lors de la transformation d'un MCD riche.

12.2 *Stéréotypes des colonnes*

Lors de la présentation du modèle relationnel, nous avons déjà utilisé quelques stéréotypes pour distinguer les colonnes.

Nous étendons le jeu de stéréotypes de colonnes selon le tableau ci-dessous.

Contrainte SQL-DDL	Stéréotype de colonne	Nature	Stéréotype de la contrainte de table
NOT NULL	«M»	Obligation de valeur	--
--[40]	«PK»	Colonne de clé primaire propre à la table	«PK»
--	«PFK-i»	Colonne de clé étrangère identifiante (partie de clé primaire)	«PK» «FK-i»
--	«FK-i»	Colonne de clé étrangère	«FK-i»
--	«U-i»	Colonne de clé secondaire unique	«U»
--	«NID-i»	Colonne de clé secondaire unique et non nulle	«U»
--	«ORD-i»	Colonne d'ordonnancement	«ORD-i»
--	«AAU»	Colonne d'audit – Utilisateur qui a créé le tuple	--
--	«AAI»	Colonne d'audit – Instant de création du tuple	--
--	«AMU»	Colonne d'audit – Utilisateur qui a effectué la dernière modification du tuple	--
--	«AMI»	Colonne d'audit – Instant de la dernière modification du tuple	--
--	«PEA-i»	Colonne de pseudo entité associative	--

Tableau 6 - Stéréotypes de colonnes

L'indice i des contraintes de tables («**FK-i**» et «**ORD-i**») est repris comme indice i des stéréotypes des colonnes constitutives.

La Figure 55 illustre la synchronisation des stéréotypes «**ORD-1**».
La Figure 57 illustre la synchronisation des stéréotypes «**FK-i**».

---

[40] Seule l'obligation de valeur est une contrainte de colonne du langage SQL-DDL. Nous avons créé les autres contraintes pour ne pas perdre de sémantique lors de la transformation d'un MCD riche.

13 Contraintes UML

Nous utilisons des contraintes UML pour enrichir la sémantique des types de données des colonnes.

Le tableau ci-dessous liste d'autres contraintes UML que nous utiliserons pour affiner les règles d'intégrité des tables, des colonnes ou encore des contraintes de table.

Contrainte UML	Applicable				Règle d'intégrité assumée par la contrainte (si elle est posée)
	Table	Colonne	Contrainte de table	Lien graphique de relation	
{frozen}	-	✓	-		La colonne ne peut pas être modifiée.
				✓	La clé étrangère (ensemble des colonnes) ne peut pas être modifiée.
{deletecascade}		-	-	✓	Pour une relation identifiante primaire: Les tuples enfants sont automatiquement supprimés en cas de suppression du tuple parent.
{oriented}		-	-	✓	Pour une relation réflexive de degré 1:1 ou 1:n : Les rôles de chaque table orientent la relation.
{nonoriented}		-	-	✓	Pour une relation réflexive de degré 1:1 ou 1:n : Les rôles de chaque table n'orientent pas la relation.
{gs}		-	-	✓	Pour une relation identifiante primaire : La relation est une généralisation - spécialisation.
{cp}		-	-	✓	Pour une relation identifiante secondaire : La relation participe à la simulation d'un produit cartésien.
{absolute}		-	✓	-	Pour une clé secondaire discriminante : La ou les relations identifiantes secondaires ne participent pas à la clé secondaire discriminante.
{abstract}	✓	-	-	-	Pour une table généralisée : Un tuple de la table généralisée ne peut pas exister sans un tuple d'une table spécialisée lié.

Tableau 7 - Contraintes UML

14 Colonne

14.1 *Contrainte UML {frozen}*

La contrainte UML **{frozen}** posée sur une colonne spécifie que sa valeur ne peut pas être modifiée.

 Seules les colonnes alimentées automatiquement peuvent être non modifiables. En effet, les valeurs saisies par les utilisateurs doivent impérativement être modifiables ne serait-ce que pour corriger d'éventuelles erreurs de saisie.

 La colonne dateReception est alimentée automatiquement par le système de gestion de base de données lors de la saisie d'une nouvelle commande avec la date courante. Cette date ne doit pas être altérée car elle est utilisée pour ordonnancer l'exécution des commandes.

<<Table>>
Commandes
<<PK>> num : NUMERIC {aid}
<<M>> dateReception : DATE {frozen, date}
<<M>> express : BOOLEAN {boolean}
montantRetenu : NUMERIC {nonNegativeMoney}
dateGelee : DATE {date}
<<PK>> PK_Com(num)

Figure 58 - Colonne non modifiable

14.2 *Audit*

Les colonnes d'audit sont des données techniques que l'on rajoute à la structure de la table pour fournir quelques informations minimales de traçabilité. Couramment, il s'agit de 4 colonnes :

- ajUser[41] qui enregistre l'utilisateur qui a ajouté le tuple ;
- ajDate qui enregistre les date et heure d'ajout du tuple ;
- moUser qui enregistre l'utilisateur qui a effectué la dernière modification du tuple ;
- moDate qui enregistre les date et heure de la dernière modification du tuple.

Les colonnes sont alimentées automatiquement par le système de gestion de base de données à partir des stéréotypes qui fournissent l'indication du traitement à effectuer :

- **«AAU»** : Lors d'un ajout, attribuer la valeur de l'utilisateur connecté à la colonne.
- **«AAI»** : Lors d'un ajout, attribuer la valeur de l'instant (date/heure) à la colonne.
- **«AMU»** : Lors d'une modification, modifier la colonne avec la valeur de l'utilisateur connecté.
- **«AMI»** : Lors d'une modification, modifier la colonne avec la valeur de l'instant (date/heure).

<<Table>>
CliCategories
<<PK>> num : NUMERIC {aid}
<<NID-1>> <<M>> code : VARCHAR {word}
<<NID-2>> <<M>> libelle : VARCHAR {token}
descriptif : VARCHAR {string}
<<AAU>> ajUser : VARCHAR {word}
<<AAI>> ajDate : TIMESTAMP {dateTime}
<<AMU>> moUser : VARCHAR {word}
<<AMI>> moDate : TIMESTAMP {dateTime}
<<PK>> PK_CliCat(num)
<<U>> NID1_CliCat_code(code)
<<U>> NID2_CliCat_libelle(libelle)

Figure 59 - Colonnes d'audit

Les colonnes d'audit sont plus ou moins fiables en matière de traçabilité selon la nature des opérations de manipulation :

- La trace de l'ajout est garantie tant que le tuple n'est pas supprimé.
- La trace de la modification est limitée à la dernière modification ; en effet, conformément au principe d'atomicité [Chapitre 21.1], il n'est pas possible d'enregistrer une liste de modifications au sein d'une colonne.
- La trace de la suppression n'est pas possible car le tuple n'existe plus.

---

[41] Le nom donné aux colonnes d'audit est libre, mais il doit être constant pour faciliter leur utilisation et les travaux de maintenance.

14.3 *Ordonnancement*

Une ou des colonnes d'ordonnancement sont des données techniques que l'on rajoute à la structure de la table pour permettre à l'utilisateur d'ordonnancer les lignes à sa convenance.

Usages			
«PK» num	«NID-1» code	«NID-2» libelle	«ORD-1» ordre
4	COMP	Compétition	1
2	SP	Sport	2
3	TOUR	Tourisme	3
1	GP	Grand public	4

Figure 60 – Colonne d'ordonnancement ordre

Les lignes de la table Usages ne sont ni dans l'ordre de la colonne de clé primaire, ni dans celui des colonnes code ou libelle. Les lignes sont ordonnées selon la valeur de la colonne technique ordre.

L'interface utilisateur ne doit pas présenter cette colonne technique mais des méthodes qui permettent de déplacer les lignes. Les méthodes de déplacement se chargeront de modifier les valeurs de la colonne d'ordonnancement.

Figure 61 - Maquette d'ordonnancement des lignes de la table Usages

Code	Libellé	
COMP	Compétition	≫
SP	Sport	∧
TOUR	Tourisme	∨
GP	Grand public	≪

La ou les colonnes d'ordonnancement sont stéréotypée **«ORD-i»** en référence à la contrainte d'ordonnancement.

 Plusieurs colonnes, respectivement contraintes, d'ordonnancement sont possibles pour des tables associatives.

```
                    <<Table>>
                     Usages
<<PK>> num : NUMERIC {aid}
<<NID-1>> <<M>> code : VARCHAR {word}
<<NID-2>> <<M>> libelle : VARCHAR {token}
descriptif : VARCHAR {string}
<<ORD-1>> ordre : NUMERIC {aid}

<<PK>> PK_Usa(num)
<<U>> NID1_Usa_code(code)
<<U>> NID2_Usa_libelle(libelle)
<<ORD-1>> ORD_Usa(ordre)
```

Figure 62 - Colonne et contrainte d'ordonnancement

Aux niveaux physiques ou inférieurs, la contrainte d'ordonnancement **«ORD-i»** sera transformée en méthodes de déplacement.

14.4 *Pseudo entité associative*

Nous avons vu au chapitre 9.3 qu'une table associative est un produit cartésien. Un tuple de table associative est un couple du produit cartésien. Des colonnes peuvent être ajoutées à une table associative pour caractériser les couples du produit cartésien. Bien évidemment, ces colonnes n'ont de sens que si le couple est créé.

Les colonnes de pseudo entité associative relèvent de la même logique. Elles proviennent de la transformation des pseudo entités associatives du modèle conceptuel de données [PAS-1 - Pseudo entité associative].

La ou les colonnes de pseudo entité associative sont stéréotypées **«PEA-i»** ① en référence à la contrainte de pseudo entité associative ②.

Plusieurs contraintes de pseudo entités associatives sont possibles pour une table, chacune pour une association différente du modèle conceptuel de données.
Une contrainte de pseudo entité associative peut s'appliquer à plusieurs colonnes.

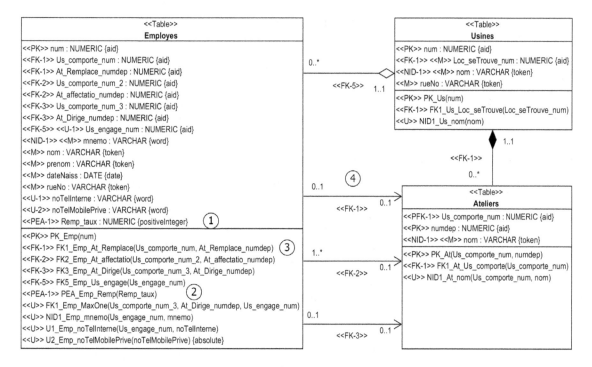

Figure 63 - Colonne et contrainte de pseudo entité associative

La colonne Remp_taux ① peut recevoir une valeur seulement si la relation **«FK-1»** ④ est existante[42]. Le lien entre la colonne Remp_taux et la contrainte de clé étrangère **«FK-1»** ③ est réalisé par la contrainte de pseudo entité associative **«PEA-1»** ②. Les deux indices (*i=1*) des stéréotypes **«FK-1»** et **«PEA-1»** synchronisent les 2 contraintes.

---

[42] Une relation entre table est assurée par une contrainte de clé étrangère ③. La représentation graphique ④ n'est qu'une aide à la lecture du modèle.

15   Relation

 Comme déjà évoqué, nous utilisons le terme de *relation* pour qualifier les "liens» entre tables.

Une relation est une contrainte de clé étrangère, mais la seule contrainte de clé étrangère ne suffit pas à porter toute la sémantique des "liens" entre tables comme par exemple les cardinalités.

15.1   *Représentation*

Une relation est la conjonction d'une contrainte de clé étrangère ①, de colonnes de clé étrangère ② et d'un lien graphique entre tables ③.

La lecture des noms des contraintes, respectivement des noms des clés étrangères étant relativement fastidieuse, nous utilisons le stéréotype **«FK-i»** de la contrainte ① pour marquer chaque colonne[43] ② et identifier le lien graphique correspondant ③.

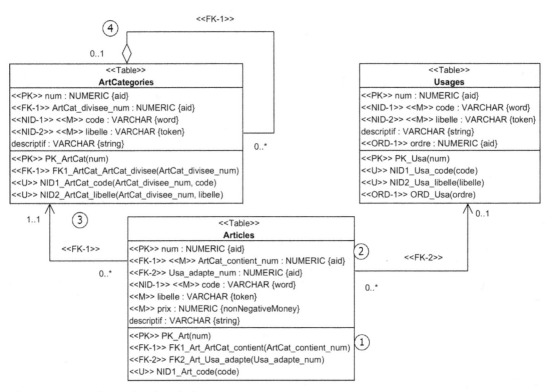

Figure 64 - Représentation de relation

Nous avons déjà vu qu'une relation entre table peut être :
- Identifiante primaire. L'extrémité parent du lien graphique est ornée d'un diamant noir ou plein [Figure 42].
- Non identifiante. L'extrémité parent du lien graphique est dotée d'une flèche ③.

Nous introduisons une troisième catégorie de relation :

- Identifiante secondaire. L'extrémité parent du lien graphique est ornée d'un diamant blanc ou vide ④.

---

[43] Si la relation est identifiante, la colonne sera stéréotypée **«PFK-i»**.

15.2   *Relation de degré 1:1*

La cardinalité maximale de 1 du parent est assumée par une contrainte d'unicité sur la ou les colonnes de clé étrangère de la table enfant.

Les contraintes d'unicité qui assument la cardinalité maximale de 1 du parent [Chapitre 7.2.3] sont postfixées **_MaxOne**.

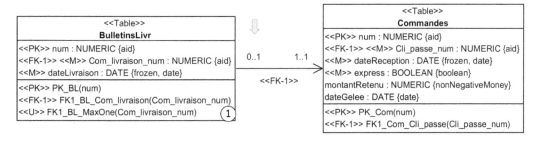

Figure 65 - Cardinalité maximale de 1 et contrainte d'unicité de la table référencée Commandes

 FK1_BL_MaxOne ① est une contrainte d'unicité qui assume que la cardinalité maximale de la table référencée ou parent Commandes soit de 1. Cette contrainte va empêcher la saisie de plus d'une occurrence d'un même parent. Une commande ne peut faire l'objet que d'un seul bulletin de livraison.

15.3   *Relation identifiante*

 Usuellement, une relation identifiante primaire est nommée simplement relation identifiante. Nous avons rajouté le qualificatif de primaire car nous présentons ici une autre sorte de relation identifiante que nous qualifions de secondaire.
Dès lors, pour la suite du livre, la notion de relation identifiante est une généralisation qui se déclinera en relation identifiante primaire ou relation identifiante secondaire.

15.3.1   Relation identifiante primaire

Pour rappel : Une relation identifiante primaire est marquée par *un diamant plein ou noir* ① du côté du parent.

La ou les colonnes constitutives d'une relation (contrainte de clé étrangère) constituent tout ou partie d'une contrainte de clé primaire. Elles sont stéréotypées **«PFK-i»** et l'indice est celui de la relation identifiante primaire.

Une relation identifiante primaire participe obligatoirement à la constitution de clés secondaires discriminantes qu'elles soient uniques ou uniques et non nulles.

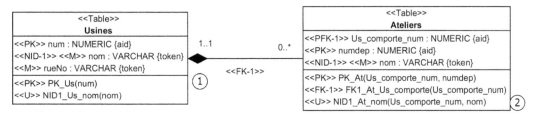

Figure 66 - Relation identifiante primaire

Toutes les colonnes (de clé étrangère) de la relation identifiante primaire participent à la constitution des clés secondaires discriminantes. Nous le voyons dans les paramètres de la contrainte d'unicité ②.

 Il est impératif que les contraintes d'unicité réalisant les clés secondaires discriminantes contiennent les colonnes (de clé étrangère) de la relation identifiante primaire afin de respecter la 2ème forme normale [Chapitre 24].
La clé secondaire devra pouvoir se substituer à la clé primaire pour effectuer la vérification de la 2ème forme normale.

15.3.2 Relation identifiante secondaire

 La ou les colonnes constitutives d'une relation identifiante secondaire (contrainte de clé étrangère) *ne participent pas* à la contrainte de clé primaire.

Une relation identifiante secondaire participe à la constitution de clés secondaires discriminantes [Chapitre 5.3.1]. Toutefois, cette participation peut être annulée par une contrainte **{absolute}** [Chapitre 16.3]. Les colonnes de clés étrangères de la relation identifiante secondaire sont parties des clés secondaires discriminantes.

L'extrémité parent du lien graphique est ornée par le symbole d'agrégation partagée UML ①, *un diamant blanc ou vide*.

 Pour satisfaire au besoin de richesse sémantique du modèle logique relationnel, la relation non identifiante du chapitre 8.2 est remplacée par une relation identifiante secondaire. Le diamant blanc de l'extrémité parent montre le caractère identifiant de la relation, alors qu'au chapitre 8.2, le caractère identifiant doit être déduit du contenu des contraintes d'unicité.

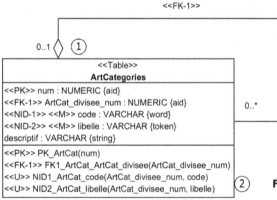

Sauf en présence d'une contrainte **{absolute}**, toutes les colonnes (de clé étrangère) de la relation identifiante secondaire participent à la constitution des clés secondaires discriminantes. Nous le voyons dans les paramètres des contraintes d'unicité ②.

Figure 67 - Relation identifiante secondaire

15.4   *Contrainte UML {frozen}*

La contrainte UML **{frozen}** posée sur une relation spécifie que la cible (le parent) d'une contrainte d'intégrité référentielle ne peut pas être modifié.

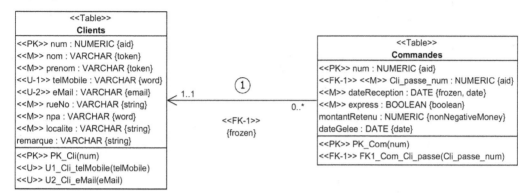

Figure 68 - Contrainte UML {frozen}

La contrainte UML **{frozen}** posée sur la représentation graphique de la contrainte de clé étrangère FK1_Com_Cli_passe ① spécifie qu'une commande existante ne peut pas être attribuée à un autre client. Si une erreur de référence du client doit être corrigée, il faut supprimer la commande erronée et en créer une nouvelle pour éviter de livrer à un client et facturer à un autre[44].

15.5   *Contrainte UML {deletecascade}*

La contrainte UML **{deletecascade}**, suppression en cascade, spécifie que lors de la suppression d'une occurrence de parent, tous les éventuels enfants soient supprimés pour respecter la contrainte d'intégrité (pas d'enfant orphelin).

Nous limitons l'utilisation de la contrainte UML **{deletecascade}** aux seules relations identifiantes primaires. Pour les autres relations, nous nous appuyons sur l'application stricte de l'intégrité référentielle pour éviter des suppressions de données inopportunes.

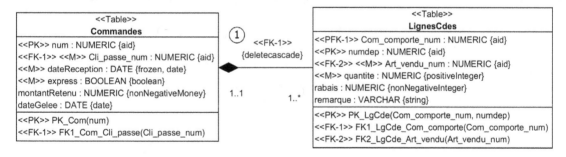

Figure 69 - Contrainte UML {deletecascade}

La contrainte UML **{deletecascade}** posée sur la représentation graphique de la contrainte de clé étrangère FK1_LgCde_Com_comporte ① spécifie que si une commande est supprimée alors toutes ses lignes le sont aussi.

---

[44] En situation réelle, il faudrait geler la relation seulement lorsque la commande a été traitée.

15.6 *Contraintes UML {oriented} et {nonoriented}*

De par la nature du modèle relationnel, toutes les relations sont orientées d'une table source porteuse de la contrainte de clé étrangère vers la table cible porteuse de la contrainte de clé primaire.

Cette orientation implicite pose problème pour les relations réflexives de degré 1:1 ou pour les tables associatives qui représentent un graphe. En effet, il peut être nécessaire d'invalider cette orientation implicite.

Pour résoudre ce dilemme, nous recourons aux contraintes UML :
- **{oriented}** pour marquer explicitement l'orientation de la relation.
- **{nonoriented}** pour supprimer l'orientation implicite de la relation.

 Les relations réflexives de degré 1:n ne sont pas concernées car les cardinalités maximales étant différentes, il n'y a pas lieu de déroger à l'orientation implicite pour quelque raison que ce soit.

15.6.1 Relation réflexive de degré 1:1

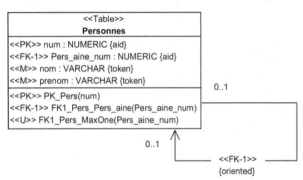

La relation réflexive de degré 1:1 que nous avons vue au Chapitre 7.4.2 représente une liste orientée. L'orientation explicite est spécifiée par la contrainte UML **{oriented}** sur la représentation graphique de la relation.

Figure 70 - Liste

La relation réflexive de la Figure 70 représente une ou des listes de fratrie.
La relation réflexive de la Figure 71 représente un ou des couples d'hommes pacsés.

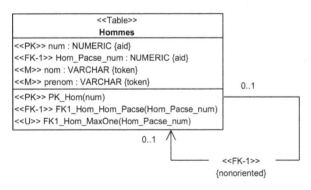

La relation réflexive de degré 1:1 ci-contre représente un couple (au sens mathématique) non orienté. Les éléments du couple n'ont pas de rôle l'un par rapport à l'autre.
La non orientation est spécifiée par la contrainte UML **{nonoriented}**.

Figure 71 - Couple

 Au niveau du modèle physique, il faudra fournir les moyens qui permettront de retrouver tout homme pacsé avec un autre que cet homme soit référencé par la clé primaire ou par la clé étrangère.

15.6.2 Relation réflexive – Graphe

La table associative que nous avons vue au Chapitre 9.4 représente un graphe orienté. L'orientation explicite est spécifiée par la contrainte UML **{oriented}** sur la représentation graphique de chacune des relations identifiantes primaires.

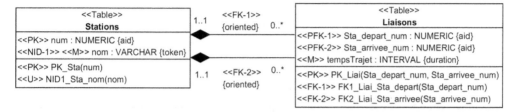

Figure 72 - Graphe orienté

La relation réflexive de la Figure 72 représente un graphe orienté, contrainte UML **{oriented}**, de liaisons entre stations de tramways. Il y a une liaison depuis une station vers une autre, mais la réciproque n'est pas forcément vraie.
→ Une liaison relie une station de départ et une station d'arrivée.

La relation réflexive de la Figure 73 représente un graphe non orienté, contrainte UML **{nonoriented}**, de routes entre villes. S'il y a une route entre deux villes, la route peut être parcourue dans les deux sens.
→ Une route relie deux villes.

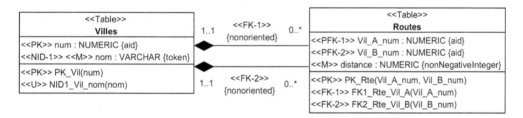

Figure 73 - Graphe non orienté

 Les noms des colonnes de clés étrangères des graphes non orientés n'ont pas de rôle, raison pour laquelle nous les nommons A et B.

La route ne devrait être enregistrée qu'une seule fois dans la table Routes pour respecter le principe de non-redondance. Dans ce cas, le niveau physique ou applicatif doit fournir les moyens de retrouver une route entre deux villes sans devoir savoir laquelle est cible ou source de la 1ère contrainte de clé étrangère et laquelle est cible ou source de la 2ème contrainte.

Si la route est enregistrée deux fois de A à B et de B à A, alors il faut fournir au niveau physique les mécanismes de gérer correctement cette redondance.

15.7   *Contrainte UML {gs} de généralisation – spécialisation*

La contrainte UML **{gs}** spécifie que la relation identifiante primaire est une généralisation - spécialisation.

La notion de généralisation – spécialisation relève essentiellement du modèle conceptuel de données [PAS-1 – Généralisation - spécialisation]. Nous reprenons cette notion de généralisation - spécialisation au niveau logique afin de ne pas perdre de sémantique lors de la transformation entre les modèles conceptuels, logiques et physiques.

La table parent (ou cible) des relations identifiantes primaires marquées **{gs}** est la table généralisée qui comporte les colonnes communes ① et participe aux relations communes ②.
Les tables enfants (ou sources) des relations identifiantes primaires marquées **{gs}** sont les tables spécialisées qui comportent les colonnes particulières ③ et participent aux relations particulières.

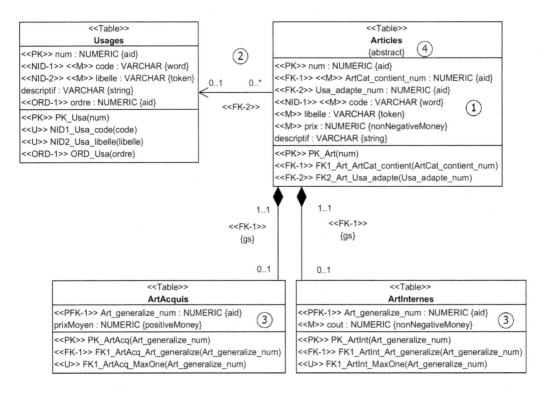

Figure 74 - Généralisation - spécialisation

La contrainte **{abstract}** placée sur la table généralisée ④ spécifie que tous ses tuples soient liés à un tuple d'une des tables spécialisées.

Une table spécialisée peut devenir à son tour parent d'une relation de généralisation - spécialisation.

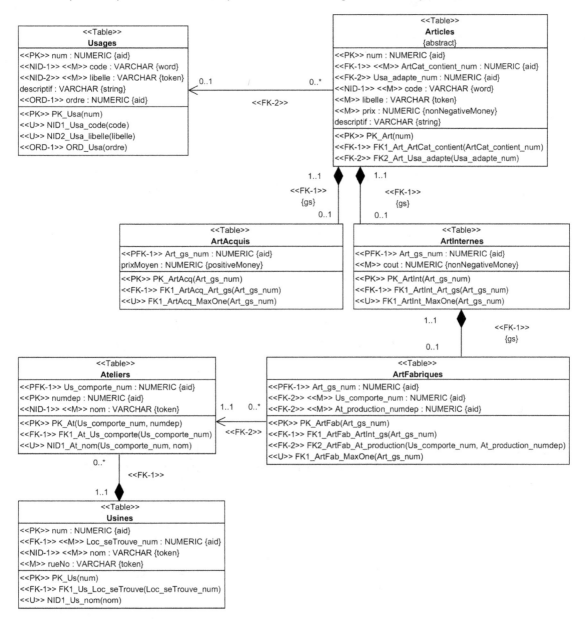

Figure 75 - Généralisation - spécialisation à 2 niveaux

 La table ArtInternes est une spécialisation de Articles et une généralisation comprenant ArtFabriques et d'autres tables non illustrées dans cette image.
ArtFabriques a une relation particulière avec Ateliers.

16   Clé secondaire

Les colonnes de clés secondaires discriminantes sont stéréotypées :
- **«U-i»** pour les clé secondaires uniques.
- **«NID-i»** pour les clés secondaires uniques et non nulles.

Le nom des contraintes de clés secondaires est préfixé du stéréotype utilisé pour les colonnes soit **Ui** ou **NIDi**.

L'indice i est différent pour chacune des deux sortes de clés secondaires discriminantes.

16.1   *Clé secondaire unique*

U1_Cli_telMobile et U2_Cli_eMail sont deux clés secondaires uniques.
Un client peut être recherché par son numéro de téléphone mobile s'il a été saisi. Il en est de même pour l'adresse mail.

Le stéréotype **«U-i»** des colonnes est repris de la contrainte d'unicité du modèle conceptuel de données [PAS-1 – Contrainte d'unicité].

<<Table>>
Clients
<<PK>> num : NUMERIC {aid}
<<M>> nom : VARCHAR {token}
<<M>> prenom : VARCHAR {token}
<<U-1>> telMobile : VARCHAR {word}
<<U-2>> eMail : VARCHAR {email}
<<M>> rueNo : VARCHAR {string}
<<M>> npa : VARCHAR {word}
<<M>> localite : VARCHAR {string}
remarque : VARCHAR {string}
<<PK>> PK_Cli(num)
<<U>> U1_Cli_telMobile(telMobile)
<<U>> U2_Cli_eMail(eMail)

Figure 76 - Clé secondaire unique

16.2   *Clé secondaire unique et non nulle*

NID1_Usa_code et NID2_Usa_libelle sont deux clés secondaires uniques et non nulles.
Un usage peut être recherché par son nom ou son libellé. Le nom ou le libellé peuvent se substituer à la clé primaire.

Le stéréotype **«NID-i»** des colonnes est repris de l'identifiant naturel[45] du modèle conceptuel de données [PAS-1 – Identifiant naturel]

<<Table>>
Usages
<<PK>> num : NUMERIC {aid}
<<NID-1>> <<M>> code : VARCHAR {word}
<<NID-2>> <<M>> libelle : VARCHAR {token}
descriptif : VARCHAR {string}
<<ORD-1>> ordre : NUMERIC {aid}
<<PK>> PK_Usa(num)
<<U>> NID1_Usa_code(code)
<<U>> NID2_Usa_libelle(libelle)
<<ORD-1>> ORD_Usa(ordre)

Figure 77 - Clé secondaire unique et non nulle

---

[45] **NID** pour **N**atural **Id**entifier.

16.3   *Contrainte UML {absolute}*

Si une table possède une ou plusieurs relations identifiantes secondaires, nous ajoutons la contrainte UML **{absolute}** ① aux contraintes d'unicité qui doivent réaliser des clés secondaires discriminantes absolues.
Une clé secondaire discriminante absolue ne contient aucune colonne (de clé étrangère) de la ou des relations identifiantes secondaires.

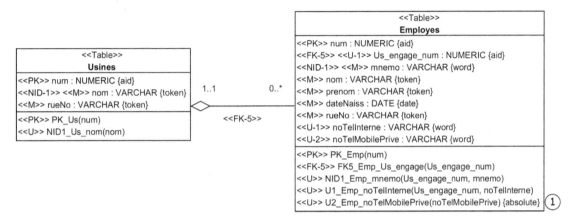

Figure 78 - Contrainte UML {absolute}

 Le fait qu'une contrainte de clé secondaire discriminante ne contienne aucune colonne de relation identifiante secondaire suffit à en déduire son caractère absolu. Toutefois, nous rajoutons la contrainte UML **{absolute}** pour bien montrer la volonté de modélisation et pour favoriser la reprise du modèle pour les transformations ultérieures.

17 Contraintes de table

17.1 *Simulation de produit cartésien*

Une table associative telle que nous l'avons présentée [Chapitre 9.3] est un produit cartésien. L'unicité des couples du produit cartésien est assumée par la clé primaire formée des clés étrangères des relations identifiantes primaires.
Si l'une ou l'autre des relations identifiantes primaires devait perdre son caractère d'identification ou qu'une nouvelle relation identifiante devait être ajoutée, la structure de la clé primaire doit être modifiée et ceci est excessivement risqué, difficile et contraire au principe de stabilité de la clé primaire [Chapitre 6.2.2].

Pour ne pas être confronté à ce risque de devoir modifier la structure d'une clé primaire, nous conseillons de recourir à une simulation du produit cartésien.

La simulation du produit cartésien s'appuie sur les éléments suivants :
-    La table associative est remplacée par une table indépendante.
-    Les relations identifiantes primaires sont remplacées par des relations identifiantes secondaires ①.
-    Les colonnes constitutives des relations identifiantes secondaires sont rendues obligatoires ②, stéréotype **«M»**.
-    Une contrainte d'unicité préfixée **CP_** ③ assume l'unicité des couples du produit cartésien.
-    La stabilité des relations identifiantes secondaires (non modification des cibles de relation) est assumée par la contrainte **{cp}** ④.

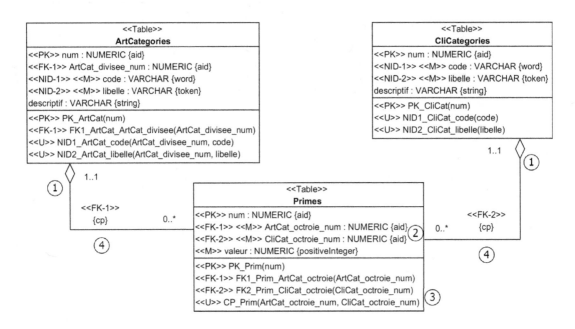

Figure 79 - Simulation de produit cartésien

17.2 *Contrainte de journalisation*

Nous pouvons assurer la traçabilité des manipulations de données en recourant à des éléments temporels ou autres. Il est alors possible de se déplacer dans le temps comme pour une vidéo que l'on avance ou recule. Toutefois, le traitement de ces éléments de traçabilité est fastidieux sans parler de la difficulté à les identifier.

En lieu et place, en parallèle ou en complément à la modélisation d'éléments de traçabilité, il est possible de tracer toutes les opérations de manipulation de données dans des tables de journalisation. Pour chaque table, nous créons une table de journalisation. Chaque manipulation qui est faite dans la table à journaliser fait l'objet d'un nouvel enregistrement dans la table de journalisation. Pour reprendre notre métaphore, cela consisterait à faire une photo lors de chaque changement et le journal serait un album de photos.

ArtCategories			
«PK» num	«FK-1» ArtCat_divisee_num	«NID-1» code	«NID-2» libelle
1		AM	Amortisseurs
2		FT	Fourches télescopiques
3		ROU	Roues
4		TS	Tiges de selle
5	1	AV	Avant
6	1	ARR	Arrière
7	3	AV	Avant
8	3	ARR	Arrière
10	4	AS	Amortisseurs de selle

Figure 80 - Table ArtCategories à journaliser

Jn_ArtCategories						
JN_OPERATION	JN_USER	JN_DATETIME	num	ArtCat_ divisee_num	code	libelle
INS	Pierre	10.01.2016	10	1	AMS	Amortisseurs de selle
UPD	Pierre	08.03.2016	10	1	AS	Amortisseurs de selle
UPD	Marie	22.08.2016	10	4	AS	Amortisseurs de selle
...						
INS	Eric	12.01.2016	9	1	AMA	Amortisseurs arrière
UPD	Pierre	08.03.2016	9	1	AA	Amortisseurs arrière
DEL	Pierre	22.07.2016	9	[46]		

Figure 81 - Table de journalisation de ArtCategories

Les 3 premiers tuples de la table de journalisation, Jn_ArtCategories, montrent la création puis deux modifications du tuple dont la clé primaire num vaut 10.

Les 3 derniers tuples de la table de journalisation, Jn_ArtCategories, montrent la création puis la modification et la suppression du tuple dont la clé primaire num vaut 9. Ce tuple ayant été supprimé, nous ne le voyons pas dans la table ArtCategories.

---

[46] Lors d'une suppression, seules les modalités de l'opération sont tracées. Les données n'existant plus ne sont pas renseignées.

La structure d'une table de journal reprend l'ensemble des colonnes de la table à journaliser, mais sans implanter les contraintes, quelles qu'elles soient.

Par ailleurs, couramment, nous ajoutons les colonnes indicatrices de manipulations suivantes :

-   JN_OPERATION[47] qui enregistre la manipulation (INSERT, UPDATE ou DELETE) qui a été effectuée ;
-   JN_USER qui enregistre l'utilisateur qui a fait ou ordonné la manipulation ;
-   JN_DATETIME qui enregistre la date et l'heure de la manipulation.

 Au niveau du modèle logique, nous spécifions la journalisation d'une table par la contrainte de table stéréotypée **«JNL»** ①.

C'est au niveau physique que nous modéliserons la table de journalisation et l'associerons à sa source (la table à journaliser).

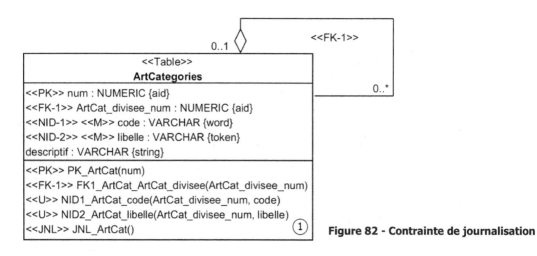

Figure 82 - Contrainte de journalisation

---

[47] Le nom donné aux colonnes indicatrices de manipulation est libre, mais il doit être constant pour faciliter leur utilisation et les travaux de maintenance.

18 Variantes de représentation

Nous avons choisi d'utiliser les symboles de composition (diamant noir ou plein) et d'agrégation (diamant blanc ou vide) d'UML pour montrer la nature des relations identifiantes.
Il est aussi possible d'utiliser les stéréotypes pour ce faire.

18.1 *Relation identifiante primaire*

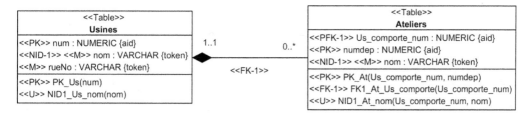

Figure 83 – Représentation avec le symbole de composition (diamant noir ou plein)

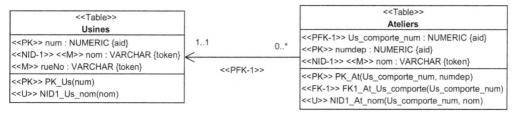

Figure 84 - Représentation avec le stéréotype «PFK-i»

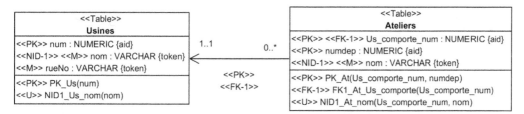

Figure 85 - Représentation avec les stéréotypes «PK» et «FK-i»

18.2 *Relation identifiante secondaire*

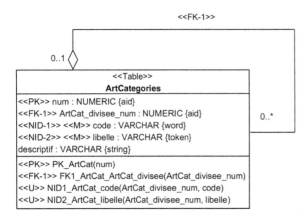

Figure 86 – Représentation avec le symbole d'agrégation (diamant blanc ou vide)

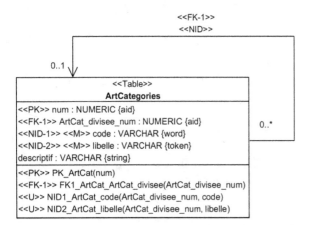

Figure 87 - Représentation avec les stéréotypes «NID» et «FK-i»

19   Règles de nommage

Les règles de nommage décrites pour le modèle relationnel [Chapitre 9.5] sont reprises pour le modèle logique relationnel.

Toutefois, les noms prédéfinis sont affinés comme indiqué dans les tableaux qui suivent.

19.1   *Noms prédéfinis*

Colonne		
Clé primaire		
	Table indépendante	num, numero ou Numero
	Table dépendante	numdep ou numerodep numDep, numeroDep ou NumeroDep
Clé étrangère		
	Défaut	{parentTableShortName}{_}{parentRoleName}{_}{colName}
	Table associative n:n	{parentTableShortName}{_}{colName}
	Table spécialisée	{parentTableShortName{_generalize_}{colName}
Audit		
	Ajout - Utilisateur	ajUser
	Ajout - Instant	ajDate
	Modif. - Utilisateur	moUser
	Modif. - Instant	moDate
Ordre		ordre
Pseudo entité associative		{peaShortName}{_}{attrName}

Tableau 8 - Nommage des colonnes

Contrainte			
Unicité			
	Clé secondaire unique		{U}{indice}{_}{tableShortName}{_}{columnsName}
	Clé secondaire unique et non nulle		{NID}{indice}{_}{tableShortName}{_}{columnsName}
	Cardinalité max 1		{FK}{indice}{_}{tableShortName}{_}{MaxOne}
	Simulation de clé primaire[48]		{SIMPK}{_}{tableShortName}
	Simulation de produit cartésien		{CP}{_}{tableShortName}
Clé primaire			{PK}_{tableShortName}
Clé étrangère			
	Défaut		{FK}{indice}{_}{childTableShortName}{_}{parentTableShortName}{_}{parentRoleName}
	Table associative n:n		{FK}{indice}{_}{childTableShortName}{_}{parentTableShortName}
	Table spécialisée		{FK}{indice}{_}{childTableShortName}{_}{parentTableShortName}{_}{generalize}
Ordonnancement			
	Table indépendante et dépendante		{ORD}{_}{tableShortName}
	Table associative		{ORD}{_}{parentTableShortName}{_}{childTableShortName}{_}{childRoleName}
	Extrémité de relation		{ORD}{_}{childTableShortName}{_}{parentTableShortName}{_}{parentRoleName}
Pseudo entité associative			{PEA}{_}{tableShortName}{_}{peaShortName}
Journalisation			{JNL}{_}{tableShortName}

Tableau 9 - Nommage des contraintes

La signification des éléments des expressions régulières est donnée dans le tableau qui suit.

---

[48] La simulation de clé primaire est traitée au chapitre 40.

Elément			Signification
Constante			
	CP		Préfixe de simulation de produit cartésien
	FK		Préfixe de contrainte de clé étrangère Référence à la contrainte de clé étrangère
	generalize		Rôle de généralisation
	JNAL		Préfixe de journalisation
	MaxOne		Postfixe de contrainte de cardinalité maximale de 1
	NID		Préfixe de contrainte de clé secondaire unique et non nulle
	ORD		Préfixe d'ordonnancement
	PEA		Préfixe de pseudo entité associative
	PK		Préfixe de contrainte de clé primaire
	SIMPK[49]		Préfixe de simulation de clé primaire
	U		Préfixe de contrainte de clé secondaire unique
Variable			
	attrName		Nom de colonne provenant d'un attribut d'entité
	childTableShortName		Nom de la table enfant ou source d'une contrainte de clé étrangère
	colName		Nom de colonne de PK repris pour la FK
	columnsName		Nom des colonnes participantes
	indice		Numéro d'ordre de la contrainte
	parentRoleName		Rôle de la table parent ou cible d'une contrainte de clé étrangère
	parentTableShortName		Nom de la table parent ou cible d'une contrainte de clé étrangère
	peaShortName		Nom court de la pseudo entité associative
	tableShortName		Nom court de la table source de la contrainte

Tableau 10 - Signification des éléments de nommage

---

[49] Traité au chapitre 40.

Normalisation et formes normales

20 Bases

20.1 *Quel est le problème ?*

La normalisation est un processus lié à la structuration des bases de données relationnelles.

Selon le principe de **relation** du modèle relationnel de E.F. Codd, l'ensemble des données utiles à une fonctionnalité d'un système d'information informatisé (SII) pourrait être stocké dans une seule table[50], un peu comme ce que nous faisons avec une feuille de calcul.

Naturellement, cette manière de faire induit une redondance de données. La Figure 88 illustre cette redondance dans le cas de la gestion des enfants d'une crèche.

Enfants

	Enf_Prenom	Enf_Genre	Enf_DateNaiss	Enf_Allergies	Edu_Mnemo	Edu_Nom	Edu_Titre	
1	Pierre	Garçon	07.05.2012	lactose	CR	Rouge	CFC	①
2	Marie	Fille	13.12.2013		JB	Bleu	HES	
3	Claude	Fille	04.01.2014	gluten	JB	Bleu	HES	
4	Jeannie	F	22.10.2014	lactose,gluten	CR	Rouge	ES	②
5	Nathan	G	05.11.2013		AO	Orange	ES	
6	Cloée	Fille	07.04.2012		JB	Bleu	HES	

Figure 88 - Feuille de calcul d'enregistrement des enfants d'une crèche

Chaque ligne de notre feuille de calcul ou de notre table contient les données relatives à un enfant :

Enf_Prenom	Prénom de l'enfant
Enf_Genre	Genre de l'enfant : garçon ou fille
Enf_DateNaiss	Date de naissance de l'enfant
Enf_Allergies	Liste des éventuelles allergies de l'enfant
Edu_Mnemo	Mnémonique de l'éducatrice responsable de l'enfant
Edu_Nom	Nom de l'éducatrice responsable de l'enfant
Edu_Titre	Niveau de titre de l'éducatrice responsable de l'enfant

Les données des éducatrices sont enregistrées en regard de chaque enfant.

La redondance au sein de notre feuille de calcul implique des traitements fastidieux : par exemple, si une éducatrice change de nom suite à un mariage, il faudra parcourir toute la liste des enfants et changer son nom à chaque fois qu'elle apparaît comme responsable.

La redondance de notre feuille de calcul est source de confusion par le bruit qu'elle transmet. L'éducatrice Rouge a-t-elle un titre CFC comme le suggère les données du 1er enfant ① ou ES comme indiqué pour le 4ème enfant ② ? L'informatique et la modélisation ne sauraient résoudre ce dilemme de valeurs contradictoires, la seule chose que nous puissions faire est d'éviter de se trouver face à ce dilemme. Pour ce faire, la normalisation des données propose des règles, les formes normales (NF), pour transformer une table qui contiendrait des données redondantes en un **réseau** de tables exempt de redondances. Les tables sans redondances d'un tel réseau sont dites **normalisées**.

Par ailleurs, nous avons ajouté quelques règles de normalisation complémentaires aux formes normales classiques.

---

[50] Le terme original selon la terminologie proposée par Codd est **relation**.

20.2 *Concept*

La *normalisation* est un processus qui permet de s'assurer de la *relationnalité*[51] de la structure des tables d'un schéma de base de données et de l'absence de redondances. La normalisation est basée sur le concept de *dépendance fonctionnelle* entre colonnes de tables.

Les *formes normales* sont un formalisme qui permet de vérifier l'atomicité des données (élémentarité) d'une part et l'absence de redondances d'autre part.

-   La première forme normale (**1NF**) permet de vérifier qu'une table puisse être considérée comme étant *relationnelle*, c'est-à-dire formée de colonnes contenant des données atomiques.
-   La deuxième forme normale (**2NF**) permet de valider le choix de la clé primaire en contrôlant les dépendances fonctionnelles entre clé primaire et colonnes non clé primaire ou secondaire discriminante.
-   La troisième forme normale (**3NF**) permet de vérifier l'absence de redondances dans la table en contrôlant les dépendances fonctionnelles entre colonnes non clé primaire ou secondaire discriminante.

Pour beaucoup d'auteurs, une table est dite **normalisée** si elle est en troisième forme normale (**3NF**) voire en forme normale de Boyce-Codd (**BCNF**) [Chapitre 26.1].
De notre côté, nous ajoutons au processus de normalisation :

-   La suppression des redondances horizontales.
-   La suppression des colonnes redondantes.

Préalablement à la première forme normale (**1NF**), une table doit être dotée d'une clé primaire. Certains auteurs parlent de **0NF** pour décrire une table qui est dotée d'une clé primaire.

Avant d'aborder les règles de normalisation proprement dites, il nous faut :
-   Rappeler le cadre mathématique des dépendances fonctionnelles.
-   Traiter des dépendances entre clés primaires et clés secondaires discriminantes.

---

[51] Toujours dans le sens de tabulaire donné par E.F. Codd.

21 Dépendances fonctionnelles

21.1 Dépendance fonctionnelle

Une colonne (ou groupe de colonnes) B d'une table R est dit en dépendance fonctionnelle d'une autre colonne (ou groupe de colonnes) A de R, si, à tout instant, chaque valeur a_i de A n'a qu'une valeur associée b_i de B. Une dépendance fonctionnelle est notée :

$$A \rightarrow B$$

R			
	A	**B**	**C**
Tuple i	ai	bi	ci

Dans l'exemple ci-dessous, toutes les colonnes sont en dépendance de la clé primaire :

$$\text{Numero} \rightarrow \text{Nom}$$
$$\text{Numero} \rightarrow \text{Prenom}$$
$$\text{Numero} \rightarrow \text{Dossard}$$

Concurrents			
«PK» Numero	«NID-1» Dossard	Nom	Prenom
1	1000	Bleu	Claude
2	1004	Orange	Jeannie
3	1005	Marron	Marc
4	1008	Noir	Claude

Figure 89 - Illustration de dépendance fonctionnelle

21.1.1 Dépendance fonctionnelle forte

Une dépendance fonctionnelle est dite forte si pour tout élément a_i de A correspond toujours un élément b_i de B.

Nous la notons :
$$A \rightarrow_1 B$$

21.1.2 Dépendance fonctionnelle faible

Une dépendance fonctionnelle est dite faible si à un élément a_i de A ne correspond pas toujours un élément b_i de B.

Nous la notons :
$$A \rightarrow_{0,1} B$$

21.2   *Dépendance fonctionnelle élémentaire pleine*

Une dépendance fonctionnelle A → B est dite ***élémentaire pleine*** s'il n'existe pas A' ⊂ A tel que A' → B.

R				
	A		**B**	**C**
	A'	**A"**		
Tuple i	ai'	ai"	bi	ci

Dans l'exemple ci-dessous, toutes les colonnes non clé primaire sont en dépendance fonctionnelle élémentaire pleine de la clé primaire.

$$\text{Cat\_Numero, NumeroDep} \rightarrow \text{Nom}$$
$$\text{Cat\_Numero, NumeroDep} \rightarrow \text{Prenom}$$
$$\text{Cat\_Numero, NumeroDep} \rightarrow \text{Dossard}$$

Concurrents				
«PFK-1» Cat_Numero	«PK» NumeroDep	«NID-1» Dossard	Nom	Prenom
1	1	1000	Bleu	Claude
2	1	1004	Orange	Jeannie
1	2	1005	Marron	Marc
2	2	1005	Azur	René
2	3	1008	Noir	Claude
1	3	1008	Vert	Daniel

Figure 90 - Illustration de dépendance fonctionnelle élémentaire pleine

Cat_Numero est une clé étrangère ; elle réfère la clé primaire de la table de référence Categories (non représentée ici). NumeroDep est un compteur incrémenté de 1 à n pour chaque valeur de Cat_Numero.

Cat_Numero et NumeroDep forment ensemble la clé primaire ; la connaissance d'une seule de ces deux valeurs ne suffit pas à identifier un tuple ou une ligne. Par exemple, la connaissance de la valeur 1 de la catégorie seule (Cat_Numero) ne permet pas de déduire le nom d'un concurrent. Nous trouvons 3 concurrents : Bleu, Marron et Vert. En ajoutant une valeur de NumeroDep, par exemple 2, nous trouvons bien un et un seul concurrent, en l'occurrence Marron.

21.3   *Dépendance fonctionnelle directe*

Une dépendance fonctionnelle A → B est dite **directe** s'il n'existe pas d'attribut C tel que A → C et C → B (absence de transitivité).

R			
	A	**B**	**C**
Tuple i	ai	bi	ci

Dans l'exemple ci-dessous, toutes les colonnes non clé primaire ou secondaire discriminante sont en dépendance fonctionnelle directe de la clé primaire.

$$Numero \rightarrow Nom$$
$$Numero \rightarrow Prenom$$

Concurrents			
«PK» Numero	«NID-1» Dossard	Nom	Prenom
1	1000	Bleu	Claude
2	1004	Orange	Jeannie
3	1005	Marron	Marc
4	1008	Noir	Claude

Figure 91 - Illustration de dépendance fonctionnelle directe

Nous voyons, par exemple, que la connaissance du prénom (NPrenom) Claude ne permet pas de déterminer Nom qui peut être Bleu ou Noir, donc Nom est en dépendance fonctionnelle directe de Numero car il ne peut être déduit de Prenom et vice-versa.

22 Clé secondaire discriminante

22.1 *Clé secondaire unique et non nulle « NID-x»*

Selon les règles de modélisation que nous avons énoncées au chapitre 5.1 :

- Toute table doit être dotée d'une clé primaire dont une caractéristique essentielle est qu'elle ne change jamais de valeur car elle est utilisée pour établir les relations[52] entre tables.
- Lorsque cela est possible, les tables sont dotées d'une clé secondaire unique et non nulle **«NID-x»** pour servir d'identifiant naturel aux utilisateurs. Contrairement aux clés primaires, une clé secondaire unique et non nulle est porteuse d'information ; de ce fait, elle doit pouvoir changer de valeur pour refléter tout changement dans l'information qu'elle véhicule.

En résumé, *une clé primaire* est nécessaire pour *construire robustement* un schéma de base de données relationnel tandis qu'une *clé secondaire unique et non nulle* est nécessaire pour faciliter la *manipulation de données par les utilisateurs*.

De par la nécessité évoquée ci-dessus, toutes les tables porteuses de clés secondaires uniques et non nulles **«NID-x»** sont automatiquement affublées d'une dépendance fonctionnelle forte circulaire :

Colonne(s) de clé primaire $\rightarrow_1$ Colonne(s) de clé secondaire unique et non nulle (I)

et

Colonne(s) de clé secondaire unique et non nulle $\rightarrow_1$ Colonne(s) de clé primaire (II)

La dépendance fonctionnelle forte (I) est utile au système de gestion de bases de données pour fournir de l'information significative (clé secondaire unique et non nulle) à l'utilisateur à partir de données techniques (clé primaire).
La dépendance fonctionnelle forte (II) est utile au système de gestion de bases de données pour transformer l'information fournie par l'utilisateur (clé secondaire unique et non nulle) en données techniques (clé primaire).

22.1.1 Table indépendante

Pour une table indépendante, telle qu'illustrée ci-dessous, nous avons la double dépendance fonctionnelle forte :

Numero $\rightarrow_1$ Code (I)

et

Code $\rightarrow_1$ Numero (II)

R			
«PK» Numero	«NID-x» Code	A	B

---

[52] Relation dans le sens de lien entre table et non dans le sens de tabulaire donné par E.F. Codd.

22.1.2   Table dépendante

Dans le cas de tables dépendantes, la double dépendance fonctionnelle forte doit impérativement se réaliser en prenant en compte la ou les colonnes de clés étrangères de relations identifiantes qui seront concaténées d'une part à la colonne de clé primaire d'identification propre, NumeroDep, et d'autre part à la colonne de clé secondaire unique et non nulle.

Pour une table dépendante Rdep, illustrée ci-dessous, dont la colonne de clé secondaire se nomme Code et la colonne de clé étrangère identifiante se nomme Rref _Numero, nous avons la double dépendance :

$$\text{Rref\_Numero, NumeroDep} \rightarrow_1 \text{Code (I)}$$
$$\text{et}$$
$$\text{Rref\_Numero, Code} \rightarrow_1 \text{NumeroDep (II)}$$

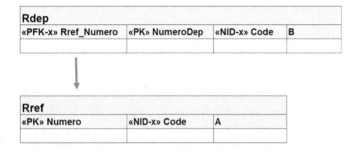

Pour satisfaire aux besoins d'informations significatives pour l'utilisateur, la dépendance fonctionnelle forte (II) doit être basée uniquement sur des clés secondaires uniques et non nulles.

Nous avons les dépendances suivantes dans et entre nos deux tables Rref et Rdep :

$$\text{Rdep.Rref\_Numero} \rightarrow_1 \text{Rref.Numero (III)}$$
$$\text{Rref.Numero} \rightarrow_1 \text{Rref.Code (IV)}$$

En combinant par transitivité (II), (III) et (IV), nous obtenons la dépendance fonctionnelle forte (IIa) basée uniquement sur des clés secondaires uniques et non nulles :

$$\text{Rref.Code, Rdep.Code} \rightarrow_1 \text{Rdep.NumeroDep (IIa)}$$

Pour les tables dépendantes, chacune des dépendances fonctionnelles doit être élémentaire pleine (2NF).
La connaissance de la seule valeur de la colonne de clé secondaire unique et non nulle propre à la table dépendante (Rdep.Code pour notre exemple) ne peut et ne doit pas suffire à identifier un tuple.

22.1.3   **Clé secondaire unique «U-x»**

Contrairement à une clé secondaire unique et non nulle, une clé secondaire unique ne peut pas se substituer à la clé primaire. Nous avons une dépendance fonctionnelle forte entre clé secondaire unique et clé primaire, mais nous avons une dépendance fonctionnelle faible entre clé primaire et clé secondaire unique :

$$\text{Colonne(s) de clé primaire} \rightarrow_{0,1} \text{Colonne(s) de clé secondaire unique}$$

$$\text{Colonne(s) de clé secondaire unique} \rightarrow_1 \text{Colonne(s) de clé primaire}$$

La substitution de la clé primaire ne peut être que partielle soit lorsque la ou les colonnes de clé secondaire unique sont renseignées [Chapitre 5.3.1.1].

 Pour les tables dépendantes, chacune des dépendances fonctionnelles doit être élémentaire pleine (2NF).
La connaissance de la seule valeur de la colonne de clé secondaire unique ne peut et ne doit pas suffire à identifier un tuple. (**«U-x»** au lieu de **«NID-x»** pour la colonne Rdep.Code du schéma précédent)

22.1.4   **En résumé**

La dépendance fonctionnelle circulaire entre clé primaire et clé secondaire unique et non nulle n'est pas une anomalie et ne doit pas être remise en cause par le processus de normalisation.

Les colonnes de clés secondaires discriminantes ne doivent pas être testées comme source de dépendance fonctionnelle de la (**3NF**) car :

-     Une clé secondaire unique et non nulle doit se substituer totalement à la clé primaire.
-     Une clé secondaire unique et non nulle doit se substituer à la clé primaire lorsque sa valeur est renseignée.

23   Première forme normale (1NF)

 Une table est en première forme normale (**1NF**) si elle est dotée d'une clé primaire (**0NF**) et que **toutes les colonnes contiennent des valeurs atomiques.**

Deux situations sont sources des principales causes de non-respect de la première forme normale :
1.   Une colonne est elle-même une relation.
2.   Une colonne contient un groupe répétitif de données.

Si une colonne contient des données qui ne sont pas atomiques, le contenu des colonnes doit être « interprété » avec tous les risques d'erreurs induits par les modalités d'interprétation.

23.1   *Violation de la première forme normale (1NF)*

23.1.1   Colonne formée d'une relation

Lorsqu'une table comporte une colonne qui est elle-même une relation, il faut transformer la colonne en autant de colonnes qu'il y a d'éléments distincts dans la relation.

Dans la table Concurrents non normalisée (Figure 92) la colonne AgeEtCat contient l'âge du concurrent mais aussi la catégorie dans laquelle il concourt.

Concurrents				
«PK» Numero	«NID-1» Dossard	Nom	Prenom	AgeEtCat
1	1000	Bleu	Claude	12 , A
2	1004	Orange	Jeannie	13 , B
3	1005	Marron	Marc	A;12
4	1008	Noir	Claude	14 , B

Figure 92 - Table Concurrents pas en première forme (1)

Le contenu de la colonne AgeEtCat doit être interprété pour ressortir d'une part l'âge et d'autre part la catégorie. A priori, la première partie contient l'âge et la deuxième partie, séparée de la première par une virgule et un espace, contient la catégorie.
Rien ne nous garantit que d'autres lignes ou tuples ne contiennent pas ces données inversées et/ou séparées par un autre caractère que la virgule ; c'est le cas pour la 3ème ligne.
Par ailleurs, si nous voulions compter le nombre de concurrents d'un âge donné ou d'une catégorie particulière, nous ne pouvons pas faire une requête SQL[53] car il n'y a pas de colonnes qui contiennent directement ces données.

Après application de la **1NF**, les colonnes Age et Cat sont séparées (Figure 93) et les problèmes d'interprétation évoqués plus haut ne se posent plus.

Concurrents					
«PK» Numero	«NID-1» Dossard	Nom	Prenom	Age	Cat
1	1000	Bleu	Claude	12	A
2	1004	Orange	Jeannie	13	B
3	1005	Marron	Marc	12	A
4	1008	Noir	Claude	14	B

Figure 93 - Table Concurrents en 1NF (1)

---

[53] SQL est un langage d'exploitation de bases de données relationnelles.

Chapitre 23

Cette première transformation n'est que transitoire. En effet, il y a une dépendance fonctionnelle entre Age et Cat et notre table ne respecte pas la **3NF** que nous étudierons plus tard [Chapitre 25].

23.1.2   Colonne contenant un groupe répétitif

Lorsqu'une table comporte une colonne contenant des valeurs répétitives, il faut créer autant de colonnes qu'il y a de valeurs répétitives.

Dans la table Concurrents ci-dessous, la colonne Sauts contient les valeurs des deux sauts qu'effectuent chacun des concurrents.

Concurrents				
«PK» Numero	«NID-1» Dossard	Nom	Prenom	Sauts
1	1000	Bleu	Claude	3.28 , 3.07
2	1004	Orange	Jeannie	0 , 3.00
3	1005	Marron	Marc	4.1 , 0.0
4	1008	Noir	Claude	2.35 , 2.50

Figure 94 - Table Concurrents pas en première forme (2)

Tout comme précédemment, le contenu de la colonne Sauts doit être interprété pour obtenir la valeur des différents sauts avec tous les risques d'erreurs d'interprétation déjà évoqués. De plus, les valeurs numériques peuvent être saisies sous n'importe quelle forme dans une colonne de texte.

Après application de la **1NF**, la colonne Sauts est fragmentée (Figure 95) et le problème d'interprétation ne se pose plus. De plus, le type de données étant numérique, le traitement des sauts s'en trouvera facilité puisque des opérations mathématiques seront possibles.

Concurrents					
«PK» Numero	«NID-1» Dossard	Nom	Prenom	Saut_1	Saut_2
1	1000	Bleu	Claude	3.28	3.07
2	1004	Orange	Jeannie	0	3
3	1005	Marron	Marc	4.1	0
4	1008	Noir	Claude	2.35	2.5

Figure 95 - Table Concurrents en 1NF (2)

 Cette première transformation n'est que transitoire ; en effet, il y a une redondance de colonnes entre Saut_1 et Saut_2 que nous devrons résoudre. Nous étudierons cette redondance de colonnes plus tard [Chapitre 28].

24   Deuxième forme normale (2NF)

 Une table est en deuxième forme normale (**2NF**) si elle est déjà en première forme normale (**1NF**) et que *les dépendances fonctionnelles entre la clé primaire et les autres colonnes[54] sont élémentaires et pleines*.

Seules les tables comportant une clé primaire composite, c'est-à-dire composée de plusieurs colonnes, sont concernées. Dans l'optique où la structure du modèle relationnel correspond aux principes que nous avons énoncés [Bases du modèle relationnel], seules les tables comportant une ou plusieurs relations identifiantes sont concernées.

La notion de dépendance fonctionnelle est présentée au chapitre 21.1 et celle de dépendance fonctionnelle élémentaire pleine au chapitre 21.2.

24.1   *Violation de la deuxième forme normale (2NF)*

Lorsqu'une colonne dépend fonctionnellement de la ou des colonnes constitutives d'une contrainte de clé étrangère, cette colonne doit être reportée dans la table cible de ladite contrainte.

Dans la table Concurrents ci-dessous, la colonne Points représente un capital de points attribués aux concurrents indépendamment des résultats obtenus aux différents concours.

Categories

«PK» Numero	«NID-1» Code
1	A
2	B

Concurrents

«PFK-1» Cat_Numero	«PK» NumeroDep	«NID-1» Dossard	Nom	Prenom	Points
1	1	1000	Bleu	Claude	15
2	1	1004	Orange	Jeannie	20
1	2	1005	Marron	Marc	15
2	2	1005	Azure	René	20
2	3	1008	Noir	Claude	20
1	3	1008	Vert	Daniel	15

Figure 96 - Table Concurrents pas en deuxième forme

Toutefois, une règle de gestion stipule que le nombre de points est spécifique à une catégorie : tout concurrent se voit attribuer les points de la catégorie à laquelle il appartient.

Dès lors, nous avons la dépendance fonctionnelle :

$$Cat\_Numero \rightarrow Points$$

La dépendance fonctionnelle élémentaire pleine n'est plus respectée :

$$Cat\_Numero, NumeroDep \not\rightarrow Points$$

---

[54] Y compris les colonnes de clés secondaires discriminantes **«NID-x»** ou **«U-x»**.

Chapitre 24

Conformément à la règle de normalisation énoncée, nous rapatrions la colonne Points dans la table Categories, cible de la relation identifiante indiquée par la colonne de clé étrangère Cat_Numero.

Categories

«PK» Numero	«NID-1» Code	Points
1	A	15
2	B	20

Concurrents

«PFK-1» Cat_Numero	«PK» NumeroDep	«NID-1» Dossard	Nom	Prenom
1	1	1000	Bleu	Claude
2	1	1004	Orange	Jeannie
1	2	1005	Marron	Marc
2	2	1005	Azure	René
2	3	1008	Noir	Claude
1	3	1008	Vert	Daniel

Figure 97 - Table Concurrents en 2NF

Si une colonne dépend fonctionnellement de la colonne d'identification propre à la table, alors cette table doit être transformée en table indépendante (sans relation identifiante).

Cette situation se présenterait si la colonne NumeroDep comporterait des valeurs incrémentées de 1 à n pour toute la table Concurrents et non des valeurs incrémentées de 1 à n pour chaque concurrent [Figure 112].

25   Troisième forme normale (3NF)

 Une table est en troisième forme normale (**3NF**) si elle est déjà en deuxième forme normale (**2NF**) et que *les dépendances fonctionnelles entre la clé primaire et les autres colonnes[55] sont directes*.

Dit plus simplement, la troisième forme normale (**3NF**) postule qu'il ne doit pas y avoir de dépendances fonctionnelles entres colonnes qui ne sont ni clé primaire, ni clé secondaire discriminante **«NID-x»** ou **«U-x»**.

La notion de dépendance fonctionnelle est présentée au chapitre 21.1 et celle de dépendance fonctionnelle directe au chapitre 21.3.

25.1   *Violation de la troisième forme normale (3NF)*

25.1.1   Colonne dépendante d'une autre colonne

Lorsqu'une colonne[56] dépend fonctionnellement d'une autre colonne[57], il faut créer une nouvelle table indépendante.

La table Concurrents ci-dessous donne à penser que chaque concurrent est attribué à une catégorie de manière aléatoire. Il n'en n'est rien car une règle de gestion stipule que la catégorie des concurrents dépend de leur âge.
Dès lors, cette table n'est pas en **3NF** puisque nous avons la dépendance fonctionnelle directe :

$$Age \rightarrow Cat$$

Concurrents					
«PK» Numero	«NID-1» Dossard	Nom	Prenom	Age	Cat
1	1000	Bleu	Claude	12	A
2	1004	Orange	Jeannie	13	B
3	1005	Marron	Marc	12	A
4	1008	Noir	Claude	14	B

Figure 98 - Table Concurrents pas en troisième forme (1)

Pour mettre cette table en troisième forme normale, nous créons une nouvelle table Ages ①.
- La clé primaire ② sera créée selon les modalités du chapitre 6.2.2.
- La colonne source de la dépendance initiale deviendra la clé secondaire unique et non nulle ③.
- La colonne cible de la dépendance initiale deviendra la colonne Categorie ④.

---

[55] Hormis les colonnes de clés secondaires discriminantes **«NID-x»** ou **«U-x»**.
[56] Pour rappel : ni partie de clé primaire, ni partie de clé secondaire unique et non nulle.
[57] Pour rappel : ni partie de clé primaire, ni partie de clé secondaire unique et non nulle.

Chapitre 25

La dépendance initiale est remplacée par une contrainte de clé étrangère ⑤ vers la nouvelle table.

Ages ①

«PK» Numero ②	«NID-1» Valeur ③	Categorie ④
1	12	A
2	13	B
3	14	B

Concurrents ⑤

«PK» Numero	«FK-1» Age_Numero	«NID-1» Dossard	Nom	Prenom
1	1	1000	Bleu	Claude
2	2	1004	Orange	Jeannie
3	1	1005	Marron	Marc
4	3	1008	Noir	Claude

Figure 99 - Table Concurrents en 3NF (1)

 Si deux colonnes sont en dépendance fonctionnelle directe d'une même colonne, nous admettons que la première dépendance est transformée comme indiqué ici. Ensuite, la deuxième dépendance est transformée en une colonne dans la table cible comme expliqué au chapitre 25.1.2.

25.1.2　Colonne dépendant d'une clé étrangère

Lorsqu'une colonne[58] dépend fonctionnellement d'une clé étrangère non identifiante, cette colonne doit être ramenée au niveau de la table cible ou parent de la relation.

La table Concurrents donne à penser que chaque concurrent est attribué à un lieu de manière aléatoire. Il n'en n'est rien car une règle de gestion stipule que le lieu de concours des concurrents dépend de l'âge des concurrents (2 concurrents de même catégorie mais d'âges différents concourent dans des lieux qui peuvent être différents).
Dès lors, cette table n'est pas en **3NF** puisque nous avons la dépendance fonctionnelle directe :

$$Age\_Numero \rightarrow Lieu$$

Ages

«PK» Numero	«NID-1» Valeur	Categorie
1	12	A
2	13	B
3	14	B

Concurrents

«PK» Numero	«FK-1» Age_Numero	«NID-1» Dossard	Nom	Prenom	Lieu
1	1	1000	Bleu	Claude	Couvet
2	2	1004	Orange	Jeannie	Couvet
3	1	1005	Marron	Marc	Couvet
4	3	1008	Noir	Claude	Travers

Figure 100 - Table Concurrents pas en troisième forme normale (2)

Pour mettre cette table en troisième forme normale, nous déplaçons la colonne Lieu dans la table Ages ①.

Ages ①

«PK» Numero	«NID-1» Valeur	Categorie	Lieu
1	12	A	Couvet
2	13	B	Couvet
3	14	B	Travers

Concurrents

«PK» Numero	«FK-1» Age_Numero	«NID-1» Dossard	Nom	Prenom
1	1	1000	Bleu	Claude
2	2	1004	Orange	Jeannie
3	1	1005	Marron	Marc
4	3	1008	Noir	Claude

Figure 101 - Table Concurrents en 3NF (2)

---

[58] Pour rappel : ni partie de clé primaire, ni partie de clé secondaire unique et non nulle.

26 Autres formes normales

26.1 *Forme normale de Boyce-Codd (BCNF)*

Une table (associative ou dépendante) est en forme normale de Boyce-Codd (**BCNF**) si elle est déjà en troisième forme normale (**3NF**) et *qu'il n'existe pas de colonne[59] source d'une dépendance fonctionnelle avec une partie de la clé primaire*.

Seules les tables comportant une clé primaire composée de plusieurs colonnes sont concernées.

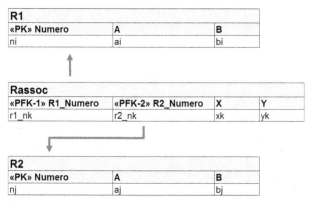

R1		
«PK» Numero	A	B
ni	ai	bi

Rassoc			
«PFK-1» R1_Numero	«PFK-2» R2_Numero	X	Y
r1_nk	r2_nk	xk	yk

R2		
«PK» Numero	A	B
nj	aj	bj

Figure 102 - Cadre de forme normale de Boyce-Codd

R_{assoc} est en forme normale de Boyce-Codd si :

1. $X \not\rightarrow R1\_Numero$

2. $X \not\rightarrow R2\_Numero$

3. $Y \not\rightarrow R1\_Numero$

4. $Y \not\rightarrow R2\_Numero$

26.1.1 Règle de normalisation

1. Lorsqu'une table (R_{assoc}) comporte une colonne qui est source d'une dépendance fonctionnelle (df_1) avec une partie de la clé primaire, il faut créer une nouvelle table (R_{nouv}).
2. La colonne source de la dépendance fonctionnelle (df_1) doit être transférée dans cette nouvelle table (R_{nouv}), en principe comme clé secondaire unique et non nulle.
3. La colonne de clé étrangère cible de la dépendance fonctionnelle (df_1) doit aussi être transférée dans cette nouvelle table (R_{nouv}). La table de référence de cette clé étrangère est conservée.
4. Une colonne de clé étrangère est ajoutée dans la table initiale (R_{assoc}) ; cette colonne référera la nouvelle table (R_{nouv}).

En résumé, la normalisation consiste à insérer une nouvelle table entre la table à normaliser et la table référencée par la partie de clé primaire qui est en dépendance fonctionnelle.

---

[59] Comme pour 3NF : ni partie de clé primaire, ni partie de clé secondaire unique et non nulle.

26.1.2   Illustration

Sur la base du modèle présenté initialement, nous admettons qu'il existe la dépendance fonctionnelle suivante pour la table R_{assoc} :

$$Y \rightarrow R2\_Numero$$

L'application de notre règle de modélisation nous a conduit au modèle suivant :

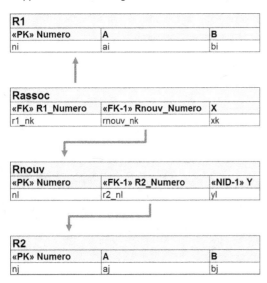

Figure 103 - Mise en forme normale de Boyce-Codd

De manière plus circonstanciée, voici les différentes opérations que nous avons réalisées pour normaliser la table R_{assoc} :

1. Nous avons créé la table R_{nouv}.

2. Nous avons doté la table R_{nouv} d'une clé primaire Numero. Nous avons rapatrié la colonne Y de la table R_{assoc} dans la table R_{nouv} et l'avons spécifiée comme clé secondaire unique et non nulle **«NID-1»**.

3. Nous avons déplacé la colonne de clé étrangère R2_Numero de la table R_{assoc} dans la table R_{nouv} et avons conservé la table R_2 en référence.

4. Nous avons créé la colonne de clé étrangère R_{nouv}_Numero dans la table R_{assoc} et l'avons mise en relation avec la table R_{nouv}.

26.1.3 Exemple

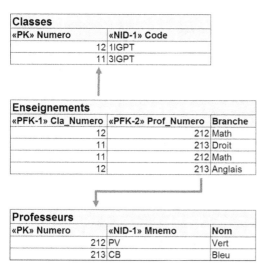

Classes

«PK» Numero	«NID-1» Code
12	1IGPT
11	3IGPT

Enseignements

«PFK-1» Cla_Numero	«PFK-2» Prof_Numero	Branche
12	212	Math
11	213	Droit
11	212	Math
12	213	Anglais

Professeurs

«PK» Numero	«NID-1» Mnemo	Nom
212	PV	Vert
213	CB	Bleu

Une règle de gestion stipule qu'une branche est toujours enseignée par un et un seul même professeur.

Dès lors, pour la table Enseignements, nous avons la dépendance fonctionnelle suivante :

Branche → Prof_Numero

Figure 104 - Table Enseignements pas en forme normale de Boyce-Codd

Conformément à la règle de normalisation énoncée, nous insérons une nouvelle table Branches entre les tables Professeurs et Enseignements.
La table Professeurs reste référencée par la table Enseignements mais par transitivité via la nouvelle table Branches.

Classes

«PK» Numero	«NID-1» Code
12	1IGPT
11	3IGPT

Enseignements

«PFK-1» Cla_Numero	«PFK-2» Bran_Numero
12	1002
11	1001
11	1002
12	1007

Branches

«PK» Numero	«FK-1» Prof_Numero	«UID-1» Code
1002	212	Math
1007	213	Anglais
1001	213	Droit

Professeurs

«PK» Numero	«NID-1» Mnemo	Nom
212	PV	Vert
213	CB	Bleu

Figure 105 - Table Enseignements en BCNF

26.2 Quatrième forme normale (4NF) et cinquième forme normale (5NF)

Les quatrième et cinquième formes normales traitent des dépendances multivaluées.

Les règles énoncées de normalisation d'attributs non atomiques (première forme normale – **1NF**) et l'utilisation de clés primaires nous évitent de créer des dépendances multivaluées. En conséquence et jusqu'à preuve du contraire, les quatrième et cinquième formes normales qui tendent à réduire les dépendances multivaluées n'ont pas d'intérêt pour notre livre. Nous les présentons pour être exhaustif et dans une perspective de culture générale.

26.2.1 Dépendance multivaluée

Une colonne B d'une table R est en dépendance multivaluée d'une colonne A de R si à une valeur a_i de A plusieurs valeurs de B existent.

Une dépendance multivaluée est notée :

$$A \twoheadrightarrow B$$

 En respectant les principes de modélisation et de normalisation que nous avons énoncés, nous ne devrions pas être confrontés à la problématique de dépendances multivaluées.

26.2.2 Exemple

Une dépendance multivaluée est essentiellement due à une transformation malheureuse d'une colonne qui n'est pas en première forme normale (**1NF**).

Nous reprenons, ci-dessous, l'exemple de groupe répétitif que nous avons utilisé au chapitre 23 traitant de la première forme normale pour expliquer notre propos.

Concurrents

«PK» Numero	«NID-1» Dossard	Nom	Prenom	Sauts
1	1000	Bleu	Claude	3.28 , 3.07
2	1004	Orange	Jeannie	0 , 3.00
3	1005	Marron	Marc	4.1 , 0.0
4	1008	Noir	Claude	2.35 , 2.50

Figure 106 - Table Concurrents pas en première forme (3)

Certains auteurs font une réflexion basée uniquement sur les colonnes de tables en faisant abstraction de l'apport du concept de clé (primaire, étrangère et **«NID-i»**). Ainsi, ils peuvent voir notre table de concurrents sous la forme ci-dessous.

Concurrents

Dossard	Nom	Prenom	Sauts
1000	Bleu	Claude	3.28 , 3.07
1004	Orange	Jeannie	0 , 3.00
1005	Marron	Marc	4.10 , 0.0
1008	Noir	Claude	2.35 , 2.50

Figure 107 - Table Concurrents sans clé primaire et avec un attribut multivalué

Tout comme nous, ils détectent la non atomicité de la colonne Sauts. Contrairement à nous qui créons autant de colonnes qu'il y a de sauts possibles, ils remplacent simplement la colonne *Sauts* qui est une chaîne de caractères formatée pour enregistrer plusieurs sauts par une colonne Saut qui, pour ce cas, contiendra une simple valeur numérique. Ensuite, ils distribuent les données multiples dans autant de tuples que nécessaire en dupliquant les données identiques.

Concurrents

Dossard	Nom	Prenom	Saut
1000	Bleu	Claude	3.28
1004	Orange	Jeannie	0
1005	Marron	Marc	4.1
1008	Noir	Claude	2.35
1000	Bleu	Claude	3.07
1004	Orange	Jeannie	3
1005	Marron	Marc	0
1008	Noir	Claude	2.5

Figure 108 - Table Concurrents sans clé primaire et sans attribut multivalué

La table présentée ci-dessus contient des données atomiques mais elle comporte une dépendance multivaluée :

$$Dossard \twoheadrightarrow Saut$$

Par exemple, pour la valeur 1000 de Dossard nous trouvons deux lignes : l'une contient la valeur 3.28 de Saut et l'autre la valeur 3.07. Dans ces deux lignes, les valeurs de Nom, Prenom et Dossard sont dupliquées.

27 Redondances "horizontales"

27.1 *Définition*

Les formes normales règlent les problèmes de redondances "verticales". Nous entendons par verticales, les redondances qui sont détectables par l'observation de la structure des colonnes d'une table.

Il nous faut aussi résoudre le problème de redondances "horizontales". Nous entendons par horizontales, les redondances qui sont liées au caractère répétitif d'enregistrement de données identiques en de multiples lignes ou tuples.

Il y a redondance horizontale lorsqu'une colonne peut être source d'une donnée dotée d'une existence propre ; il n'y a pas redondance horizontale pour une colonne dont les données ne sauraient avoir une existence propre[60].

27.2 *Règle de normalisation*

 Lorsqu'une table comporte une colonne source de données avec existence propre, il faut transformer la colonne en une nouvelle table et établir une relation entre les deux tables.

27.3 *Exemple*

Dans la table Concurrents ci-dessous, nous pouvons constater que chaque colonne non clé primaire ou **«NID-1»** contient des données redondantes horizontalement.

Concurrents						
«PK» Numero	«NID-1» Dossard	Nom	Prenom	Genre	Rue	Localite
1	1000	Bleu	Claude	G	Rue de la Gare	Cornaux
2	1004	Orange	Jeannie	F	Rue de la Gare	Cressier
3	1005	Marron	Marc	G	Rue de la Poste	Cressier
4	1105	Azur	René	G	Rue du Temple	Cornaux
5	1108	Noir	Claude	F	Rue de la Gare	Marin
6	1008	Vert	Daniel	G	Rue des Fontaines	Cornaux
6	1010	Vert	Cynthia	F	Rue des Fontaines	Cornaux

Figure 109 - Table Concurrents avec redondances "horizontales"

Nous admettons pour les besoins de notre gestion de concurrents que :
- Nom, Prenom et Rue sont des données qui ne doivent pas avoir d'existence propre ; il n'est pas prévu de traitement spécifique à partir de ces colonnes.
- Localite et Genre sont des données qui doivent avoir leur propre existence ; il y aura très certainement des traitements de statistiques ou autres qui devront se baser, sans ambiguïté, sur les localités ou le genre des concurrents.

Conformément à la règle de normalisation, nous rapatrions les colonnes Genre et Localite dans deux nouvelles tables Genres et Localites et nous mettons ces deux nouvelles tables en relation avec la table Concurrents.

---

[60] La réflexion à mener pour déterminer si une colonne peut être source d'une donnée dotée d'une existence propre ou pas est identique à celle qui prévaut au niveau conceptuel entre attribut d'une part et entité d'autre part.

Genres	
«PK» Numero	«NID-1» Code
1	F
2	G

Localites	
«PK» Numero	«NID-1» Nom
1	Cornaux
2	Cressier
3	Marin

Concurrents						
«PK» Numero	«NID-1» Dossard	«FK-1» Genre_Numero	«FK-2» Loc_Numero	Nom	Prenom	Rue
1	400	2	1	Bleu	Claude	Rue de la Gare
2	410	1	2	Orange	Jeannie	Rue de la Gare
3	405	2	2	Marron	Marc	Rue de la Poste
4	424	2	1	Azur	René	Rue du Temple
5	423	1	3	Noir	Claude	Rue de la Gare
6	409	2	1	Vert	Daniel	Rue des Fontaines
7	416	1	1	Vert	Cynthia	Rue des Fontaines

Figure 110 - Table Concurrents sans redondances "horizontales"

27.4   *Critères de détermination de redondance*

La détermination d'existence propre ou pas des données d'une colonne est spécifique aux finalités attendues de chaque structure de données.

Parmi d'autres, les éléments suivants doivent être pris en compte pour déterminer les colonnes qui peuvent être sources de données propres donc de redondances horizontales :

- Fiabilité des traitements informatisés

    Pour notre exemple, nous pourrions rechercher tous les concurrents qui habitent Cornaux. Si la localité n'est pas transformée en une table, nous courrons le risque de fournir des résultats erronés au cas où la saisie de la colonne Localite n'est pas identique entre les différents tuples de la table non normalisée.

- Extension de la structure de données

    Pour notre exemple, nous avons saisi un code G pour les garçons et F pour les filles. Nous pouvons tout à fait admettre qu'il faille à terme ajouter un libellé qui permettra d'imprimer des listes en mentionnant Garçon ou Fille au lieu de G et F.

- Le contenu de la donnée redondante peut devoir être traduit dans la vision d'une application multi-langues.

28   Colonnes redondantes

28.1   *Définition*

Nous avons vu comment traiter les redondances "verticales" et "horizontales" dans les chapitres précédents.

Il nous reste à résoudre le problème de colonnes redondantes et préalablement à en donner une définition. Deux colonnes sont redondantes lorsque chacune d'elle contient une donnée de même sémantique.

28.2   *Règle de normalisation*

 Lorsqu'une table comporte des colonnes redondantes, il y a lieu de transformer les colonnes redondantes en une nouvelle table dépendante ; une relation identifiante sera établie entre les tables.

28.3   *Exemple*

Concurrents

«PK» Numero	«NID-1» Dossard	Nom	Prenom	Saut_1	Saut_2
1	1000	Bleu	Claude	3.28	3.07
2	1004	Orange	Jeannie	0	3
3	1005	Marron	Marc	4.1	0
4	1008	Noir	Claude	2.35	2.5

Figure 111 - Table Concurrents avec colonnes redondantes

Dans la table Concurrents, les colonnes Saut_1 et Saut_2 introduisent une redondance non pas de données mais de colonnes. En effet, au lieu d'avoir une colonne pour les sauts, nous avons deux colonnes qui contiennent des données de même nature (la longueur du saut d'un concurrent).

Cette redondance de colonnes qui contiennent des informations de même nature rend difficile la manipulation des données. Par exemple, comme nous l'avons déjà cité précédemment, nous ne pouvons pas faire, sans artifices, une requête SQL qui ressort le saut le plus long ou une requête SQL qui calcule la moyenne des sauts réalisés.

Nous remplaçons les colonnes Saut_1 et Saut_2 par la table dépendante Sauts. Les valeurs de sauts sont mémorisées dans la colonne valeur et l'ordre des sauts dans la colonne Ordre.

Concurrents

«PK» Numero	«NID-1» Dossard	Nom	Prenom
1	1000	Bleu	Claude
2	1004	Orange	Jeannie
3	1005	Marron	Marc
4	1008	Noir	Claude

Sauts

«PFK-1» Conc_Numero	«PK» NumeroDep	Ordre	Valeur
1	1	1	3.28
1	2	2	3.07
2	1	1	0
2	2	2	3
3	1	1	4.1
3	2	2	0
4	1	1	2.35
4	2	2	2.5

Figure 112 - Table Sauts pour transformer les colonnes redondantes

28.4 *Bilan*

Pour normaliser une table, il est nécessaire de vérifier les éléments suivants:

ONF	Une clé primaire existe.
1NF	Toutes les colonnes contiennent des données atomiques.
2NF	Ne concerne que les tables dotées de clés primaires composites. Les dépendances fonctionnelles entre la clé primaire et les autres colonnes sont élémentaires et pleines. Cela implique qu'aucune colonne non clé ne doit dépendre d'une partie de la clé primaire.
3NF	Ne sont pas concernées les colonnes de clés secondaires uniques et non nulles. Les dépendances fonctionnelles entre la clé primaire et les autres colonnes non clés sont directes. Cela implique qu'aucune colonne ne doit dépendre d'une colonne non clé primaire.
BCNF	Ne concerne que les tables dotées de clés primaires composites. Il n'existe pas de colonne non clé source d'une dépendance fonctionnelle vers une partie de la clé primaire.
Redondances horizontales	Il n'y a pas de colonne qui devrait avoir une existence propre.
Colonnes redondantes	Il n'y a pas plusieurs colonnes de données de même sémantique.

Le processus de normalisation consiste à passer en revue l'ensemble des éléments listés ci-dessus.
Chaque fois qu'une transformation est faite sur une table, il y a lieu de relancer complétement le processus de normalisation et ceci pour chacune des tables impactées jusqu'à ce que plus aucune transformation ne soit nécessaire.

29 Dénormalisation

Le respect des règles de normalisation peut être source de problèmes avec les systèmes de gestion de bases de données (SGBD-R). Ce chapitre présente un mécanisme, la dénormalisation, qui permet de résoudre les problèmes éventuellement engendrés par le mécanisme de normalisation.

29.1 *Quel est le problème ?*

Dans les chapitres précédents, nous avons appris à concevoir des modèles de données normalisés, c'est-à-dire *sans redondance*.

Un *modèle sans redondance est indispensable* pour garantir la justesse et la qualité des données [Chapitre 1.7]. En certaines circonstances, un modèle normalisé *peut contraindre* les développeurs et les utilisateurs.

Au niveau de l'utilisateur, un modèle de données logique relationnel sans redondances, de par la multitude de relations à établir entre tables, peut nécessiter un temps de traitement conséquent et entraîner des temps d'attente insupportables.

Au niveau du développeur, un modèle de données logique relationnel sans redondances, toujours de par la multitude de relations à établir entre tables, peut engendrer une complication et un temps de développement conséquent.

Pour résoudre ces deux contraintes, nous pouvons appliquer le principe inverse de la normalisation, que nous nommons *dénormalisation*.
Toutefois, et ceci est essentiel, nous nous devons de gérer et d'identifier clairement les éléments dénormalisés de notre structure de données dans le but de continuer à garantir la qualité des données de nos systèmes d'information.

 Un temps d'attente trop long n'est pas forcément réduit en recourant à la dénormalisation. Souvent, de multiples autres raisons en sont la cause comme, par exemple, l'absence d'index sur les clés étrangères[61].
Avant de recourir à la dénormalisation et à la mise en place de son traitement, il est prudent de faire une simulation pour nous assurer que nos hypothèses soient correctes.

29.2 *Principe général*

La dénormalisation consiste à ajouter dans le modèle logique de données relationnel (MLD-R) des colonnes de tables qui ne proviennent pas de la transformation du MCD mais qui résultent de traitements ou calculs effectués sur les colonnes de tables existantes. Ces éléments ne sont jamais saisis par un formulaire ; *ils doivent toujours être en lecture seule*.

A notre sens, 2 règles doivent impérativement être respectées lors de la création d'éléments dénormalisés :
- Ils doivent être clairement identifiés, ce qui peut être fait en recourant à un préfixe devant le nom de colonne comme Den pour dénormalisé, Dupl pour dupliqué ou encore Red pour redondant. Cette identification est indispensable pour signifier aux développeurs que ces éléments sont issus de calculs et ne doivent jamais être saisis par un utilisateur.
- Ils doivent toujours **refléter exactement le résultat** que l'on obtiendrait en effectuant le traitement ou le calcul.

---

[61] Si les clés étrangères ne sont pas indexées, le temps de jointure entre tables croit exponentiellement avec le volume de données.

29.3   *Exemple*

Le modèle de la Figure 113 représente les notes ① obtenues par des élèves aux épreuves auxquelles ils sont soumis. Les épreuves sont relatives à une branche ; plusieurs épreuves sont nécessaires à l'évaluation d'une branche. .ᵣ

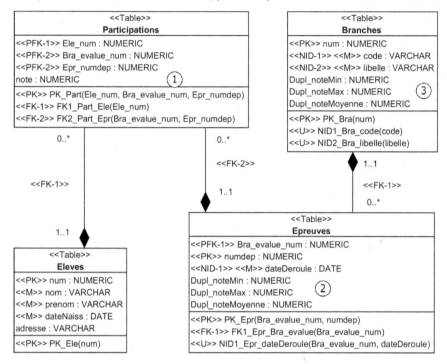

Figure 113 - Colonnes dénormalisées

La direction de l'école souhaite qu'en regard de chaque épreuve et de chaque branche, les notes minimales et maximales, ainsi que la moyenne, soient affichées.

Pour éviter de devoir recalculer ces notes à chaque affichage d'épreuve ② ou de branche ③, nous avons créé des colonnes dénormalisées qui contiennent les notes minimales, maximales et la moyenne.

29.4   *Evénements d'états*

Le contenu des éléments normalisés peut être affecté par un changement survenant au sein des enregistrements de données.

Ces changements provoquent des **événements** dits **événements d'états**.

Si un événement d'état survient, tout élément dénormalisé, impacté, doit être recalculé immédiatement.

Pour notre exemple, les notes maximales, minimales et la moyenne d'une épreuve ② doivent être recalculés si :
- Une participation est ajoutée.
- Une participation est supprimée.
- Une participation est modifiée, ce peut être:
  o   Une note saisie.
  o   Une note supprimée.
  o   Une note modifiée.

Le recalcul des notes de branches suit la même logique tout en étant plus compliqué ; nous ne le détaillons pas ici.

29.5   *Evénements temporels*

Le recalcul d'éléments dénormalisés n'est pas seulement provoqué par un événement d'état ; le recalcul peut aussi être provoqué par un événement temporel.

Un ***événement temporel*** survient lors de l'atteinte d'un point de rendez-vous temporel. Pour l'exemple de la Figure 114, ce serait le passage d'un jour à un autre. La colonne dénormalisée ① Dupl_nbHabitants reflète le nombre d'habitants de la commune ; ce nombre est calculé à partir des tuples de la table Habitent en tenant compte des dates d'arrivée et de départ. En plus des événements d'états, il faudra tenir compte du passage d'un jour à l'autre car une date d'arrivée ou de départ peut être atteinte et modifier le nombre d'habitants.

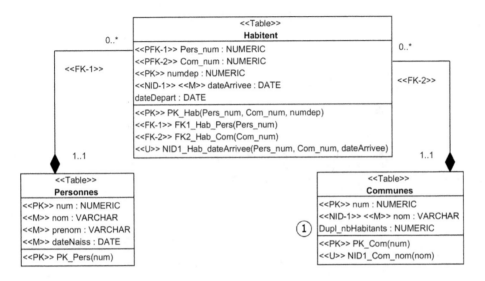

Figure 114 - Colonne dénormalisée sujette à un événement temporel

29.6   *Stratégie de calcul des éléments dénormalisés*

Nous présentons brièvement quelques mécanismes de calcul des éléments dénormalisés. Nous ne les approfondissons pas car ils relèvent du modèle de physique de données relationnel (MPD-R).

29.6.1   **Régime normal**

Nous nous appuyons sur le concept de triggers (déclencheurs) et de procédures stockées pour calculer ou recalculer les éléments dénormalisés.

Les triggers associés aux tables matérialisent les événements d'états, soit l'ajout, la modification ou la suppression d'un ou plusieurs enregistrements dans une table.

Les événements temporels sont matérialisés par des triggers temporels.

Les triggers ou déclencheurs vont invoquer des procédures stockées dans la base de données pour recalculer les éléments dénormalisés impactés par l'événement.

29.6.2   En cas de panne

L'erreur étant humaine, nous devons nous prémunir du risque d'avoir des erreurs dans nos éléments dénormalisés. L'erreur peut être un trigger qui n'a pas été installé, un événement qui n'a pas été pris en compte, etc.

Nous préconisons d'avoir une routine (procédure ou commande exécutable) par table qui va recalculer tous les éléments dénormalisés qu'elle comporte.
Cette routine doit pouvoir être exécutée immédiatement pour une ou plusieurs tables lorsqu'un élément dénormalisé donne une information différente de celle que nous obtenons en effectuant directement le calcul ou le traitement avec les éléments de base.

29.7   *Tables propres aux éléments dénormalisés*

L'expérience de divers projets nous a montré que de mixer dans une table des colonnes "conventionnelles" porteuses de données à pérenniser et des colonnes dénormalisées résultant de calculs peut amener à un risque d'amoindrissement de la qualité intrinsèque des données physiques.

Pour garantir la qualité des données physiques de nos tables, à tout le moins pour celles qui ont de multiples colonnes dénormalisées, nous proposons de leur associer des tables de dénormalisation comme nous le faisons pour les tables de journalisation [Chapitre 17.2].

La table de dénormalisation Dupl_Communes de la Figure 115 contient la colonne calculée de la table Communes. La table Communes reste exempte de toute redondance.

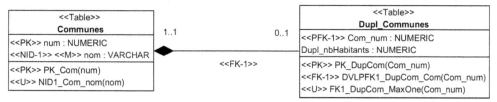

Figure 115 - Table de dénormalisation

Les événements déclenchant le recalcul d'une colonne dénormalisée ne sont plus adressés à la table de base mais à la table de dénormalisation ; ainsi, la table de base ne doit plus prendre en compte les opérations de mise à jour des colonnes calculées qui peuvent altérer son intégrité et réduire sa disponibilité.

29.7.1   Modalités de mise en place

Les tables de dénormalisation sont :
- préfixées Den, Dupl ou Red tout comme les colonnes dénormalisées; ensuite, le nom de la table de base est repris;
- dotées d'une clé primaire basée sur la ou les colonnes de clé étrangère référant la table de base.

A propos de la relation entre les 2 tables :
- Un tuple de la table de dénormalisation est obligatoirement associé à un et un seul tuple de la table de base.
- Un tuple de la table de base peut exister sans avoir d'association avec un tuple de la table de dénormalisation et ceci, essentiellement, pour des raisons de souplesse du modèle.

29.8   *Les vues pour éviter des calculs fastidieux*

La mise en place d'une stratégie de calcul conventionnelle comme nous venons de la décrire est relativement fastidieuse et tout aussi relativement risquée.

Une solution plus sûre, élégante et tirant parti des avancées technologiques consiste à nous appuyer sur des vues chargées de retourner les éléments dénormalisés.

Figure 116 - Vue de dénormalisation

Dans la Figure 116, Dupl_Communes est une vue. Cette vue fournit tous les éléments calculés relatifs à la table Communes.

Lors du développement de requêtes de données, la table Communes sera jointe à la vue Dupl_Communes pour obtenir les éléments dénormalisés.

En déléguant le calcul à des vues, nous réalisons plusieurs objectifs :
- Nous garantissons que les éléments calculés sont toujours à jour car le calcul se fait à chaque appel à la vue.
- Nous cachons la complexité des calculs aux développeurs qui ne font que "utiliser" la vue.

Toutefois, nous ne résolvons pas l'éventuel problème de temps de traitement qui pourrait pénaliser l'utilisateur. Pour réaliser cet objectif sans renoncer aux deux précédents, nous pouvons recourir aux vues matérialisées[62] qui stockent les données et les mettent à jour si la source est modifiée.

29.8.1   Modalités de mise en place

Les vues de dénormalisation sont :
- préfixées Den, Dupl ou Red tout comme les colonnes de dénormalisation; ensuite, le nom de la table de base est repris ;
- dotées d'un identifiant basé sur la ou les colonnes de clé primaire de la table de base (sans préfixer les colonnes car le préfixe de la vue fixe le contexte).

---

[62] Une vue matérialisée contient des données dupliquées tenues à jour par le SGBD-R.

Transformation du MCD en un MLD-R – Fondamentaux

Contraintes structurelles

Tables dépendantes

Relations identifiantes primaires entre tables

Processus de transformation itératif

30   Modalités de transformation

La transformation d'un modèle conceptuel de données en un modèle logique relationnel obéit à 3 règles de base :
1.   Toute entité concrète[63] devient une table.
2.   Toute association de degré 1:1 ou 1:n devient une contrainte de clé étrangère.
3.   Toute association de degré n:n devient une table associative.

Pour les entités autres que les entités indépendantes, il y a lieu de décliner de manière spécifique ces 3 règles de base. En l'occurrence, nous aurons les règles de transformation spécifiques aux :
1.   Entités dépendantes.
2.   Entités associatives.
3.   Entités dépendantes n:n ou entités associatives dépendantes.
4.   Entités n-aires.
5.   Entités n-aires dépendantes.
6.   Structures de généralisation et spécialisation.
7.   Pseudos entités associatives.

Aux règles de base et particulières aux entités non indépendantes, il y a lieu d'ajouter les règles de transformation des éléments d'enrichissement du MCD qui ne sont pas l'objet de l'une ou l'autre de ces règles.

Les 3 règles de base peuvent être exécutées séquentiellement et sans réflexion particulière seulement si le MCD est formé d'entités indépendantes.
Par contre, si le MCD comporte des entités concrètes autres qu'indépendantes, il y a lieu de mettre en place un processus de transformation itératif. Ce processus itératif va permettre de créer les relations identifiantes primaires dont les clés primaires des tables cibles doivent exister au préalable.

Les relations identifiantes primaires amènent implicitement des contraintes structurelles qui peuvent s'avérer bloquantes pour l'évolution future de notre modèle logique relationnel. Par exemple, une table dépendante qui devrait évoluer en table indépendante. Pour éviter cet écueil, la transformation peut se faire en remplaçant les relations identifiantes primaires par des relations identifiantes secondaires et des contraintes [Partie : Transformation du MCD en un MLD-R – Tables indépendantes].

---

[63] Seule la pseudo entité associative [Chapitre 35.3] n'est pas concrète.

31 Trois règles de base

Pour étudier les 3 règles de base, nous nous appuierons sur l'exemple du MCD de la Figure 117.

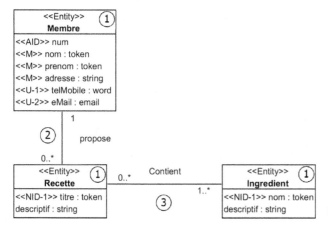

Figure 117 - MCD à transformer

En appliquant les 3 règles de base :
1. Les 3 entités Membre, Recette et Ingredient ① sont transformées en tables ④.
2. L'association de degré 1:n, propose ②, est transformée en une contrainte de clé étrangère ⑤.
3. L'association de degré n:n, Contient ③, est transformée en une table associative ⑥.

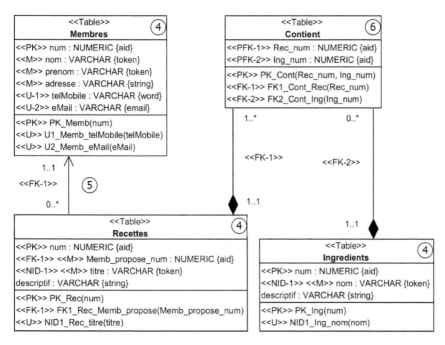

Figure 118 - MLD-R résultat

32   Première règle

32.1   *Principe général*

 Toute entité indépendante[64] devient une table.
Usuellement, le nom de la table est repris du nom de l'entité en le mettant au pluriel.
Les attributs de l'entité deviennent des colonnes de la table.
L'éventuelle contrainte UML **{frozen}** d'attribut est ajoutée à la colonne [Voir Figure 126].
Une contrainte de clé primaire est créée.

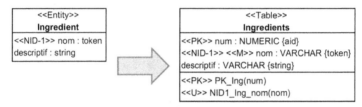

Figure 119 – Transformation d'une entité indépendante en table

32.2   *Types de données*

Les types de données des attributs du modèle conceptuel [PAS-1 Attribut / Type de données] sont transformés en type de données des colonnes du modèle relationnel [Tableau 1 en Page 33] selon le tableau ci-dessous.

Type attribut MCD	Type de colonne MLD-R	Remarque
Valeur logique	BOOLEAN	
Valeur textuelle	VARCHAR	Les sous-types du MCD deviennent des contraintes UML des colonnes du MLD-R.
Valeur numérique	NUMERIC	
Valeur temporelle		
duration	INTERVAL	
dateTime	TIMESTAMP	
date	DATE	
time	TIME	
autres	NUMERIC / VARCHAR	

Tableau 11 - Conversion des types de données

---

[64] Les modèles conceptuels usuels, Merise ou autres, s'appuient essentiellement sur des entités indépendantes. Le recours à une spécialisation des entités amène à des règles de transformation particulières telles que présentées au chapitre 35.

Chapitre 32

Si la taille des valeurs numériques du modèle conceptuel est indiquée en partie entière et partie décimale, il y a lieu de calculer la précision à partir de l'addition des parties entière et décimale.

Figure 120 - Transformation du type de données numérique

32.3 *Contrainte de clé primaire*

Si l'entité est identifiée par un identifiant naturel, une colonne de clé primaire est créée au niveau logique et l'identifiant naturel **«NID-x»** est transformé en une clé secondaire unique et non nulle.

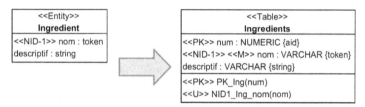

Figure 121 – Entité avec un identifiant naturel

Si l'entité est identifiée par un identifiant artificiel, l'attribut d'identifiant artificiel devient colonne de clé primaire de la table.

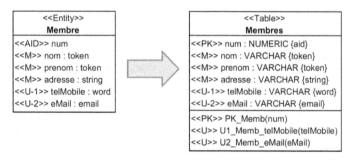

Figure 122 – Entité avec un identifiant artificiel

33   Deuxième règle

33.1   *Principe général*

 Toute association binaire de degré 1:1 ou 1:n devient une contrainte de clé étrangère.
L'éventuelle contrainte UML **{frozen}** d'association est ajoutée à la représentation graphique de la relation [Voir Figure 68].
Si la cardinalité minimale de la table enfant ou source de dépendance [Chapitre 7.2.2] est de 1 alors la ou les colonnes de clé sont obligatoires, stéréotype **«M»** ①.

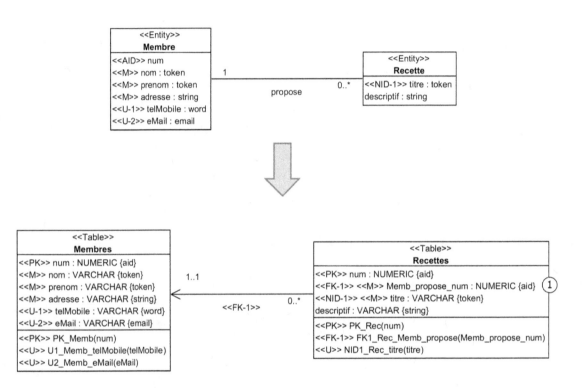

Figure 123 - Transformation d'une association de degré 1:1 ou 1:n

 Nous représentons visuellement la contrainte de clé étrangère conformément aux modalités présentées au chapitre 7.
Les cardinalités de l'association de niveau conceptuel sont reportées à l'identique sur la représentation graphique de la contrainte de clé étrangère.

33.2   *Association de degré 1:n*

L'entité supportant plusieurs (* ou n) occurrences d'association devient enfant ou source de la contrainte de clé étrangère.
L'entité Recette de la Figure 123 devient enfant ou source de la contrainte de clé étrangère.

33.3 *Association de degré 1:1*

L'une ou l'autre des deux entités peut être potentiellement source de la contrainte de clé étrangère. Toutefois, la valeur des cardinalités minimales peut diriger le choix de l'entité source de la contrainte de clé étrangère.

Une contrainte d'unicité est créée pour assumer la cardinalité maximale de 1 de la table parent ou cible de la dépendance [Chapitres 7.2.3 et 15.2].

33.3.1 Cardinalités minimales de 0 et 0

Si les deux cardinalités minimales valent 0, les deux entités ont un poids identique et le choix de l'entité source de la contrainte de clé étrangère est totalement libre.

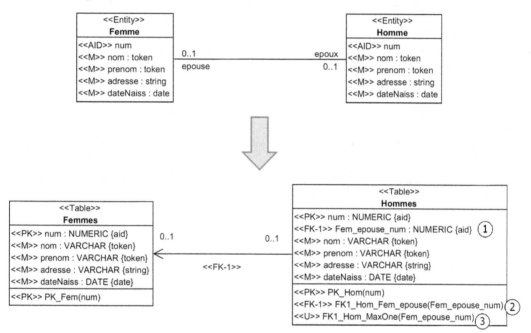

Figure 124 - Transformation d'une association 0..1 et 0..1

① Colonne de clé étrangère optionnelle
② Contrainte de clé étrangère
③ Contrainte d'unicité de la colonne de clé étrangère

Naturellement une seule des deux tables doit jouer le rôle de parent de la relation.
Comme expliqué ci-dessus, le choix de l'entité source de la contrainte de clé étrangère étant libre, la transformation inverse de la Figure 125 est tout aussi juste.

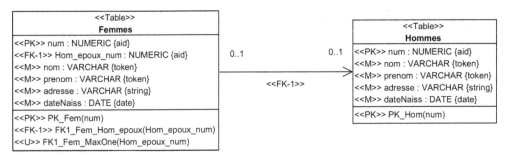

Figure 125 - Inversion de l'entité source de l'association de la Figure 124

33.3.2 Cardinalités minimales de 1 et 1

Si les deux cardinalités minimales valent 1 et qu'il n'y a pas d'autre association entre les mêmes entités, il y a lieu de corriger le modèle conceptuel[65].

S'il y a une autre association entre les deux mêmes entités, il y a lieu de prendre en compte la situation générale pour déterminer l'entité source de la contrainte de clé étrangère.

33.3.3 Cardinalités minimales de 0 et 1

Si une des cardinalités minimales vaut 1 et l'autre 0, il y a lieu de tenir compte de la dépendance forte engendrée par la cardinalité minimale de 1.

L'entité dont chaque occurrence doit obligatoirement participer à une association devient enfant ou source de la contrainte de clé étrangère. L'entité BulletinLivr de la Figure 126 devient source ou enfant de la contrainte de clé étrangère.

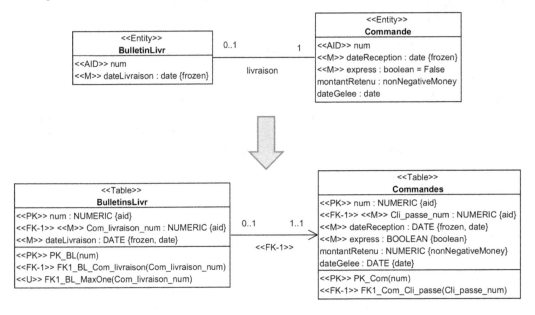

Figure 126 - Transformation d'une association 0..1 et 1..1

En mettant la contrainte de clé étrangère dans la table provenant de l'entité dotée de la dépendance forte (cardinalité 1..1), nous simplifions les transactions et la gestion des droits.

En effet, et pour notre exemple de la Figure 126 :

- La création d'une commande se fait sans établir de relation avec un bulletin de livraison.
- La création d'un bulletin de livraison se fait en référençant obligatoirement une commande (colonne de clé étrangère obligatoire Com_livraison_num). Ainsi, dans la même opération, on crée une confirmation et on établit la référence sur la commande.

  Si la clé étrangère se trouvait dans la table Commandes, il faudrait mettre à jour la commande à chaque livraison ; ceci compliquerait la transaction (il faudrait deux opérations au lieu d'une seule) et de plus, il n'est pas sûr que l'opérateur qui crée des bulletins de livraison ait le droit ou le privilège de mettre à jour des commandes.

33.4 *Association identifiante naturelle*

Toute association identifiante naturelle devient une relation identifiante secondaire.

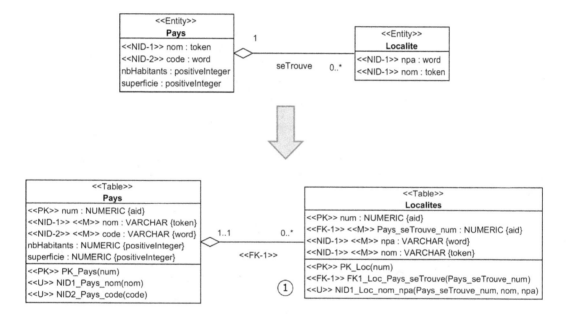

Figure 127 - Transformation d'une association identifiante naturelle

Les colonnes de relations identifiantes secondaires participent à la constitution des clés secondaires discriminantes ①.

34   Troisième règle

 Toute association binaire de degré n:n devient une table associative [Chapitre 9.3].
Chacune des deux entités devient cible d'une contrainte de clé étrangère identifiante primaire.
La table associative prend le nom[66] de l'association n:n.

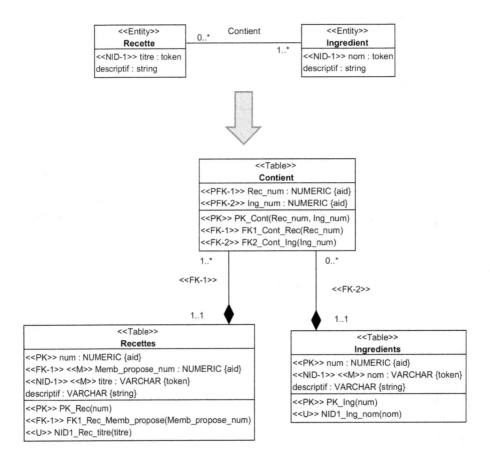

Figure 128 - Transformation d'une association de degré n:n

 La contrainte de clé étrangère **«FK-1»** dans la table Recettes est justifiée en Figure 123.

---

[66] Au pluriel lorsque cela a du sens.

35 Entités non indépendantes

35.1 *Entité dépendante*

 Une entité dépendante est transformée en une table selon les modalités de la 1ère règle sauf pour la contrainte de clé primaire.
L'association identifiante de composition est transformée en une relation identifiante primaire selon les modalités de la 2ème règle. L'éventuelle contrainte UML **{deletecascade}** de l'association est ajoutée à la représentation graphique de la relation identifiante primaire [Voir Figure 130].

Si l'entité dépendante est identifiée par un identifiant naturel, une colonne de clé primaire est créée au niveau logique et l'identifiant naturel **«NID-x»** est transformé en une clé secondaire unique et non nulle portant sur la ou les colonnes de clé étrangère et la colonne découlant de l'identifiant naturel **«NID-x».**

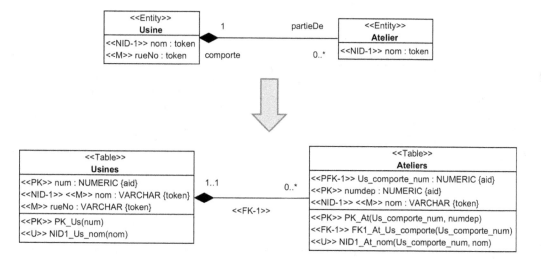

Figure 129 - Transformation d'une entité dépendante avec identifiant naturel

Si l'entité dépendante est identifiée par un identifiant artificiel, l'attribut d'identifiant artificiel est transformé en colonne constitutive de clé primaire de la table.

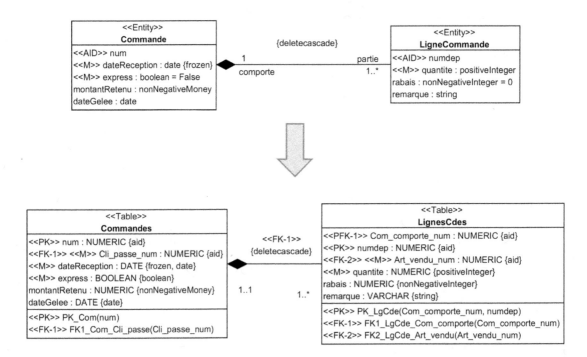

Figure 130 - Transformation d'une entité dépendante avec identifiant artificiel

Rappel : Les colonnes constitutives de la ou des relations identifiantes primaires font partie des colonnes des contraintes de clé primaires et de clés secondaires uniques et non nulles.

35.2 *Entité associative*

Une entité associative qualifie une association de degré n:n.

 L'entité associative est transformée en une table selon les modalités de la 1ère règle sauf pour la contrainte de clé primaire.
L'association de degré n:n qui porte l'entité associative est transformée en deux relations identifiantes primaires selon les modalités de la 3ème règle. Les colonnes de ces deux relations identifiantes primaires forment la clé primaire.

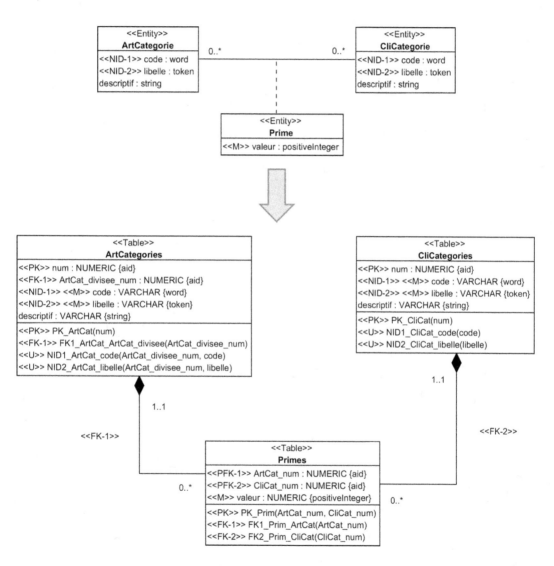

Figure 131 - Transformation d'une entité associative

35.3 *Pseudo entité associative*

Une pseudo entité associative qualifie une association de degré 1:1 ou 1:n.

 Les attributs de la pseudo entité associative sont transformés en colonnes de la table source de la contrainte de clé étrangère.

La ou les colonnes de pseudo entité associative sont stéréotypées **«PEA-i»** ① en référence à la contrainte de pseudo entité associative ②. Le nom court de la pseudo entité associative est intégré au nom de la contrainte et des colonnes.

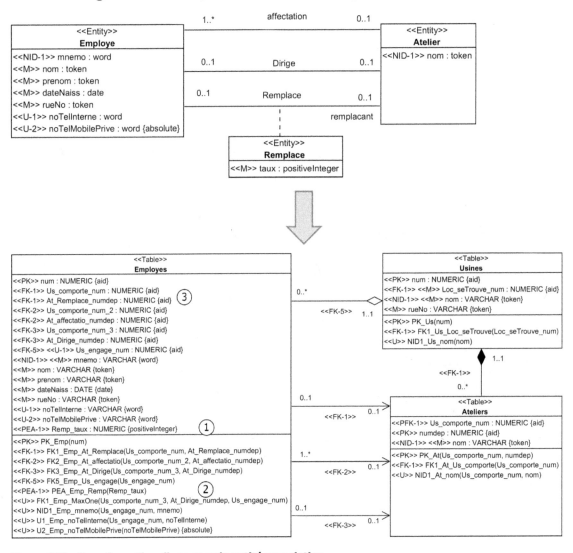

Figure 132 - Transformation d'une pseudo entité associative

La colonne Remp_Taux ① n'est pas obligatoire car ce sera au niveau du modèle physique que l'obligation sera vérifiée dès que les colonnes de clé étrangère Us_comporte_num et At_Remplace_numdep ③ seront non nulles [Chapitre 14.4].

35.4 *Entité dépendante n:n*

Une entité dépendante n:n est une entité associative à laquelle nous ajoutons une dimension d'identité. Nous la nommons aussi *entité associative dépendante*.

 En appliquant la règle de transformation d'une entité associative, l'entité dépendante n:n est partiellement transformée, il ne reste plus qu'à transformer la dimension d'identité [PAS-1 – Entité dépendante n:n].
La dimension d'identité doit être transformée comme indiqué pour l'entité dépendante [Chapitre 35.1]. Si la dimension d'identité est réalisée par un identifiant naturel, ce dernier est transformé en une clé secondaire unique et non nulle et une colonne de clé primaire est créée. Si la dimension d'identité est réalisée par un attribut d'identification artificiel, ce dernier est transformé en une colonne de clé primaire.

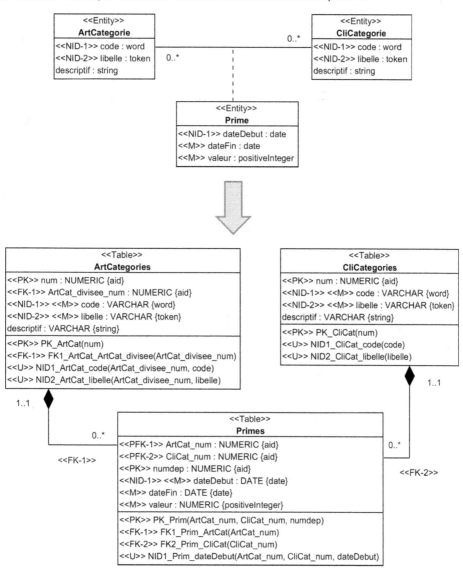

Figure 133 - Transformation d'une entité dépendante n:n (avec identifiant naturel)

35.5 *Entité n-aire*

Une entité n-aire est une association avec plusieurs autres entités. Nous la nommons aussi ***association n-aire***.

 L'entité n-aire est transformée en une table selon les modalités de la 1ère règle sauf pour la contrainte de clé primaire. Chaque association identifiante de composition est transformée en une relation identifiante primaire. La ou les colonnes de clés étrangères de chaque relation identifiante primaire participent à la constitution de la clé primaire de la table associative de dimension n.

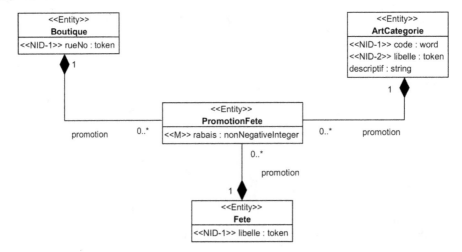

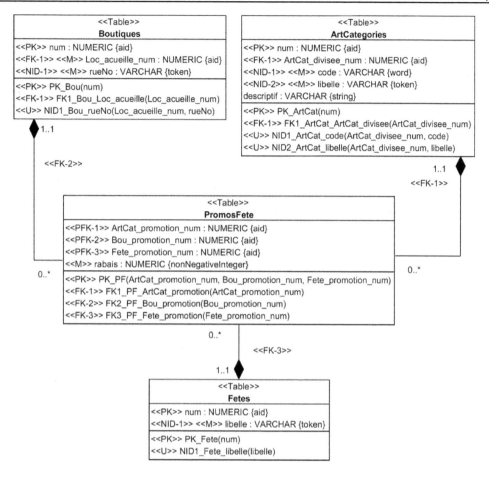

Figure 134 - Transformation d'une association n-aire

Les colonnes de clés étrangères de la table associative n-aire peuvent contenir le nom du rôle des tables parents dans la perspective d'une table qui jouerait plus d'un rôle.

35.6   *Entité n-aire dépendante*

Une entité n-aire dépendante est une entité n-aire à laquelle nous ajoutons une dimension d'identité.

En appliquant la règle de transformation d'une entité n-aire, l'entité n-aire dépendante est partiellement transformée et il ne reste plus qu'à transformer la dimension d'identité [PAS-1 – Entité dépendante n:n].
La dimension d'identité doit être transformée comme indiqué pour l'entité dépendante [Chapitre 35.1].

35.7   *Généralisation – spécialisation*

 Les entités généralisées et spécialisées sont transformées en tables.
Les entités qui jouent le rôle de généralisation sont transformées selon les modalités de leur nature intrinsèque (indépendante, dépendante...).
L'éventuelle contrainte UML **{abstract}** d'entité généralisée abstraite ① est ajoutée à la table ②.
Les entités spécialisées deviennent des tables dépendantes sans identifiant propre.
Les relations de spécialisation, *est une sorte de*, sont transformées en relations identifiantes primaires entre tables.
La contrainte UML **{gs}** est ajoutée à la représentation graphique des relations identifiantes primaires.

Les cardinalités des relations identifiantes sont obligatoirement :
- 1 pour la table provenant de l'entité généralisée ;
- 0..1 pour la ou les tables provenant de la ou des entités spécialisées.

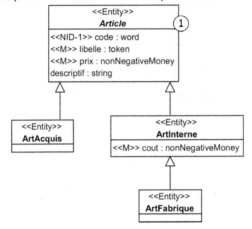

 La contrainte **{abstract}** sur une classe UML[67] est représentée en mettant le nom de la classe en italique ①.

---

[67] Pour rappel, dans nos modèles UML, une entité est une classe stéréotypée **«Entity»**.

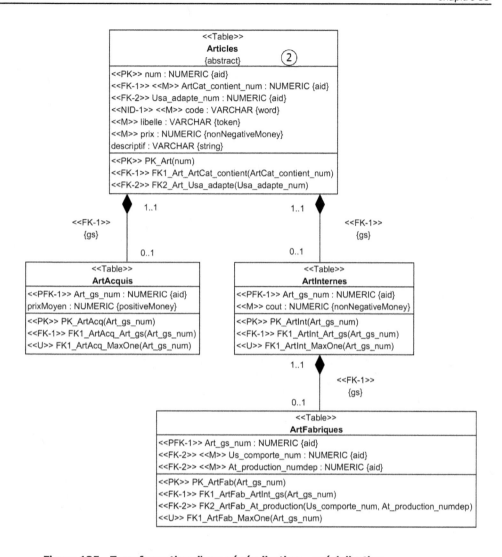

Figure 135 - Transformation d'une généralisation – spécialisation

Les contraintes **{gs}** sur les associations identifiantes primaires spécifient que nous sommes en présence d'une généralisation – spécialisation [Chapitre 15.7]. Ces contraintes **{gs}** spécifieront lors de la transformation en modèle physique qu'une entité (table) généralisée ne peut être spécialisée que par une seule et unique entité (table) spécialisée.

36 Associations réflexives

36.1.1 Graphe non orienté

Un graphe non orienté est transformé en une table associative. Chaque représentation graphique des relations identifiantes primaires est dotée de la contrainte UML **{nonoriented}**.

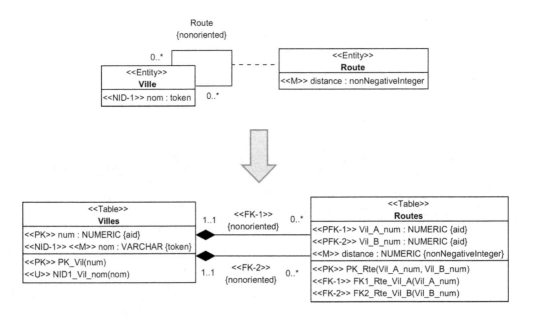

Figure 136 - Transformation de graphe non orienté

36.1.2 Graphe orienté

 Un graphe orienté est transformé en une table associative. Chaque représentation graphique des relations identifiantes primaires est dotée de la contrainte UML **{oriented}**.

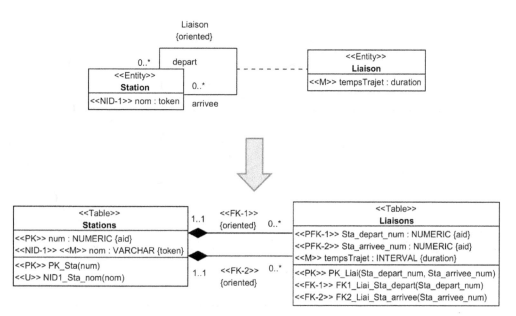

Figure 137 - Transformation de graphe orienté

36.1.3   Arbre

 Un arbre est transformé en une contrainte de clé étrangère.

Rappel : Lors de la transformation d'une association de degré 1:n, la table dont la cardinalité vaut n devient la source de la relation.

Lors de la transformation d'une association réflexive de degré 1:n, c'est le rôle dont la cardinalité vaut n qui devient source de la relation.

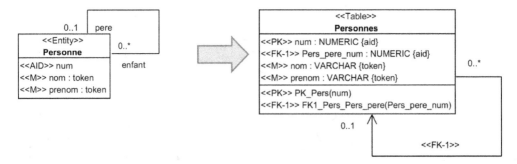

Figure 138 - Transformation d'arbre

36.1.4   Liste

 Une liste est transformée en une contrainte de clé étrangère. La représentation graphique de la relation est dotée de la contrainte UML **{oriented}**.

Rappel : Lors de la transformation d'une association de degré 1:1, une des deux tables est choisie pour devenir la source de la relation.

Lors de la transformation d'une association réflexive de degré 1:1, chacun des deux rôles peut être source ou cible de la relation.

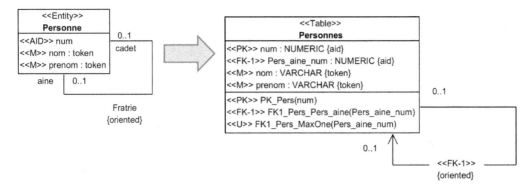

Figure 139 - Transformation de liste

Les pseudos entités associatives adossées à des associations réflexives sont transformées de manière usuelle [Chapitre 35.3]. Le nom du rôle choisi comme cible de la relation est reporté dans le nom des colonnes issues des attributs de la pseudo entité associative.

36.1.5 Couple

 Un couple est transformé en une contrainte de clé étrangère. La représentation graphique de la relation est dotée de la contrainte UML **{nonoriented}**.

Rappel : Lors de la transformation d'une association de degré 1:1, une des deux tables est choisie pour devenir la source de la relation.

Lors de la transformation d'une association réflexive de degré 1:1, chacun des deux rôles peut être source ou cible de la relation.

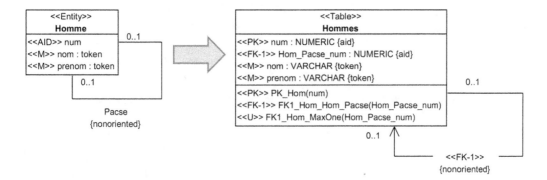

Figure 140 - Transformation de couple

37   Cas particuliers

37.1   *Ordonnancement*

37.1.1   Entité indépendante

 La contrainte UML **{ordered}** d'une entité indépendante est transformée en :
- Une colonne d'ordonnancement ① stéréotypée **«ORD-i»**.
- Une contrainte d'ordonnancement ② stéréotypée **«ORD-i»** qui reçoit en paramètre la colonne d'ordonnancement de même indice.

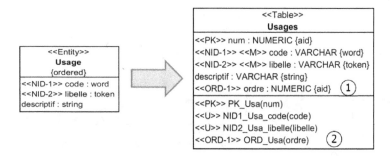

Figure 141 - Transformation de la contrainte d'ordonnancement d'une entité indépendante

 Au niveau physique une contrainte d'ordonnancement se traduira par une contrainte de valeur non nulle et une contrainte d'unicité.

37.1.2   Entité dépendante

 La contrainte UML **{ordered}** d'une entité dépendante est transformée en :
- Une colonne d'ordonnancement ① stéréotypée **«ORD-i»**.
- Une contrainte d'ordonnancement ② stéréotypée **«ORD-i»** qui reçoit en paramètre les colonnes de la clé étrangère de la relation identifiante primaire et la colonne d'ordonnancement de même indice.

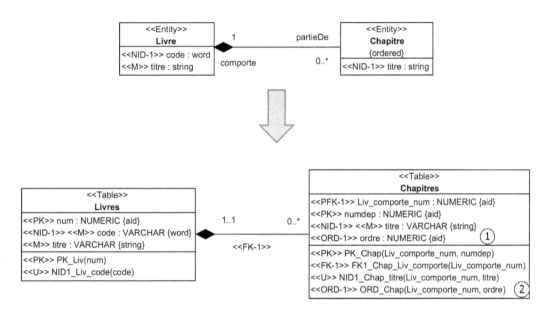

Figure 142 - Transformation de la contrainte d'ordonnancement d'une entité dépendante

37.1.3   Extrémité d'association

La contrainte UML **{ordered}** d'une extrémité d'association de cardinalité -..n est transformée en :
- Une colonne d'ordonnancement ① stéréotypée **«ORD-i»**.
- Une contrainte d'ordonnancement ② stéréotypée **«ORD-i»** qui reçoit en paramètre :
    o   Les colonnes de la clé étrangère de la relation à ordonnancer.
    o   La colonne d'ordonnancement de même indice.

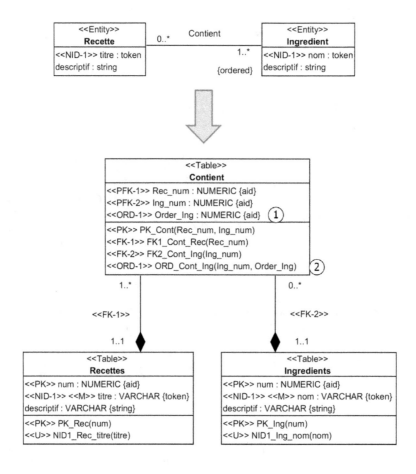

Figure 143 - Transformation de la contrainte d'ordonnancement d'une extrémité d'association

37.2 *Attribut multivalué*

Un attribut multivalué ① est transformé en une table dépendante ② dotée d'une colonne ③ de nom **value.**
Le nom de la table dépendante est formé du nom court de l'entité et du nom de l'attribut multivalué.
Le type de donnée de la colonne **value** est converti à partir du type de l'attribut multivalué.

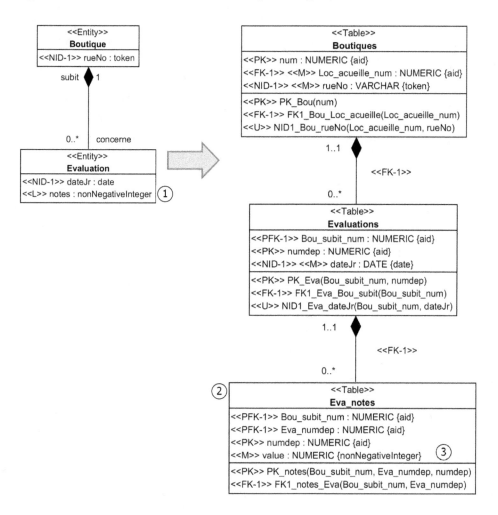

Figure 144 - Transformation d'un attribut multivalué

37.3 *Simulation du produit cartésien*

Les associations stéréotypées **«CP»** de simulation d'un produit cartésien sont transformées en relations identifiantes secondaires.
Une association stéréotypée **«CP»** est traitée comme une association non identifiante.
Une contrainte d'unicité est créée, au niveau de la table source ① des associations **«CP»,** pour simuler le produit cartésien. Cette contrainte d'unicité concaténera :
-   La ou les colonnes de clés étrangères de la ou des associations stéréotypées **«CP»** dont elle est source.
-   La colonne de clé primaire si l'entité source du produit cartésien est doté d'une dimension d'identité [Chapitre 35.4].

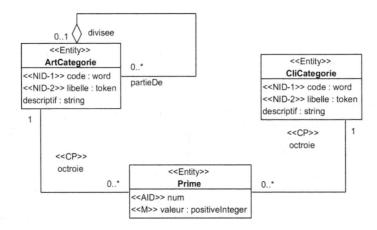

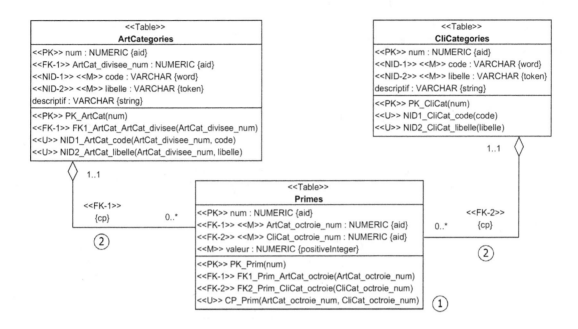

Figure 145 - Transformation du stéréotype «CP»

Pour garantir la stabilité du produit cartésien, la contrainte **{cp}** ② est ajoutée aux relations identifiantes secondaires. La contrainte **{cp}** assumera que les cibles des relations identifiantes secondaires ne seront jamais modifiées.

37.4　*Contrainte UML {absolute}*

La contrainte UML **{absolute}** d'attributs d'unicité ① [Chapitre 16.3] est transformée en une contrainte UML **{absolute}** de la contrainte d'unicité de la table ②.

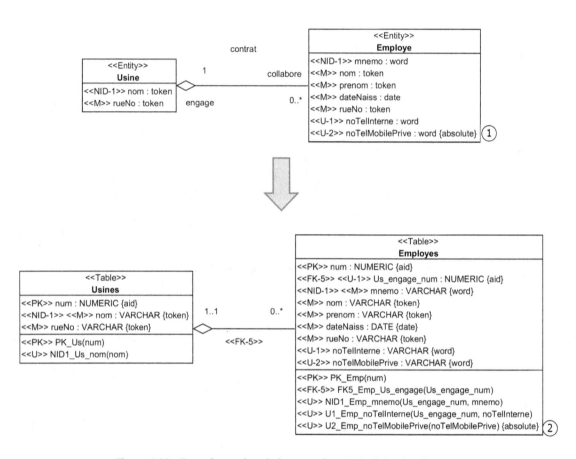

Figure 146 - Transformation de la contrainte UML {absolute}

37.5 *Contrainte UML {frozen}*

 Les contraintes UML **{frozen}** d'attributs ou d'associations sont transformées en contraintes de colonnes ou de représentation graphique de relation.

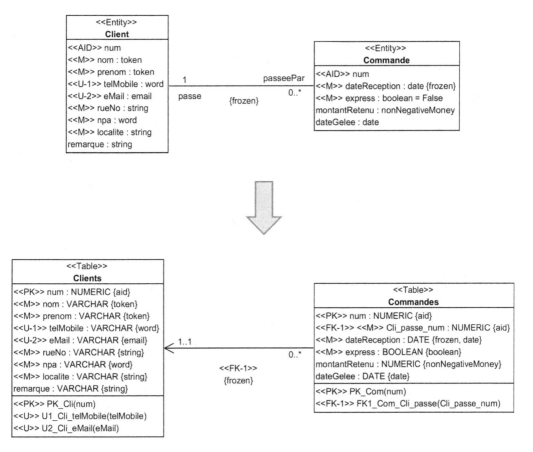

Figure 147 - Transformation des contraintes UML {frozen}

38   Processus de transformation itératif

38.1   *Principe*

En présence d'associations identifiantes, d'entités associatives ou encore d'entités spécialisées, la transformation doit se faire de manière itérative. En effet, les tables cibles de relations identifiantes primaires doivent exister pour pouvoir créer les colonnes de clés étrangères dans les tables sources ; la ou les colonnes d'une clé étrangère doivent être conformes à la contrainte de clé primaire de la table cible à laquelle elles se réfèrent.

Les associations identifiantes de composition, les entités associatives ou encore les associations de spécialisations peuvent s'imbriquer et ainsi une table cible de relation identifiante primaire peut être elle-même source d'une relation identifiante primaire. Dès lors, nous proposons le modèle de processus suivant pour effectuer une transformation garantissant un traitement correct de dépendances imbriquées :

-    Une initialisation ⓢ qui consiste à créer les tables initiales ou racines du ou des graphes de dépendance à partir des entités indépendantes.
-    Un traitement itératif des dépendances ① ② ③.
-    Une finalisation Ⓕ consistant à créer les contraintes de clés étrangères pour les associations qui ne sont ni identifiantes de composition, ni de degré n:n.

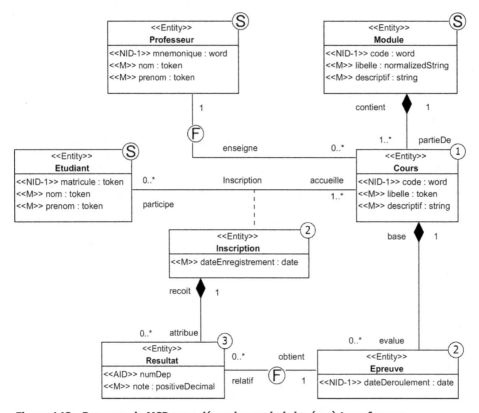

Figure 148 - Parcours de MCD avec dépendances imbriquées à transformer

Nous nous appuierons sur l'exemple de la Figure 148 pour illustrer les différentes parties de la transformation. Les symboles ajoutés au MCD montrent les 3 parties du processus de transformation que nous allons illustrer ci-après.

Ⓢ   L'initialisation (S pour Start) consistant à transformer en tables les 3 entités indépendantes.

①②③   Les 3 itérations de traitement des dépendances à partir des entités indépendantes et jusqu'aux dépendances terminales.

Ⓕ   La finalisation (F pour Finalisation) consistant à créer les 2 contraintes de clés étrangères des associations non identifiantes de composition.

38.2 *Initialisation*

L'initialisation consiste à créer les 3 tables issues des 3 entités indépendantes.

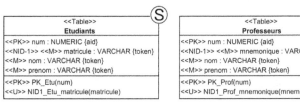

Figure 149 - Tables issues de la transformation des entités indépendantes

38.3 *1ère itération*

La 1ère itération permet de créer la table Cours en tant que table dépendante de la table Modules.

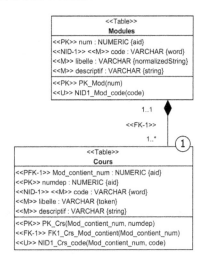

Figure 150 - Table dépendante Cours créée lors de la 1ère itération

38.4   *2ème itération*

La 2ème itération permet de :
- créer la table dépendante Epreuves à partir de la table Cours ;
- créer la table associative Inscriptions à partir des tables Cours et Etudiants.

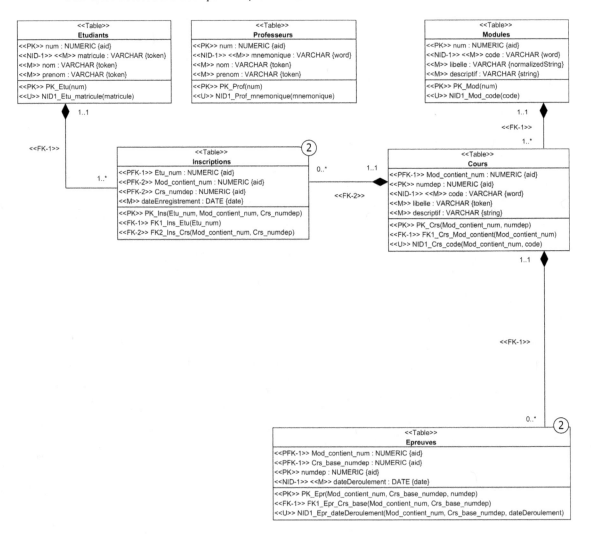

Figure 151 - Table associative Inscriptions et table dépendante Epreuves créées lors de la 2ème itération

38.5   *3ème itération*

La troisième itération permet de créer la table dépendante Resultats à partir de la table Inscriptions.

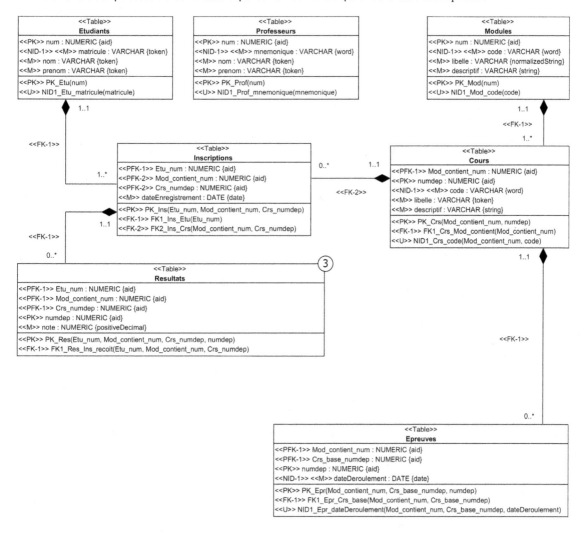

Figure 152 - Table dépendante Resultats créée lors de la 3ème itération

38.6 *Finalisation*

La finalisation consiste à créer les 2 contraintes de clés étrangères à partir des 2 associations qui ne sont pas identifiantes de composition.

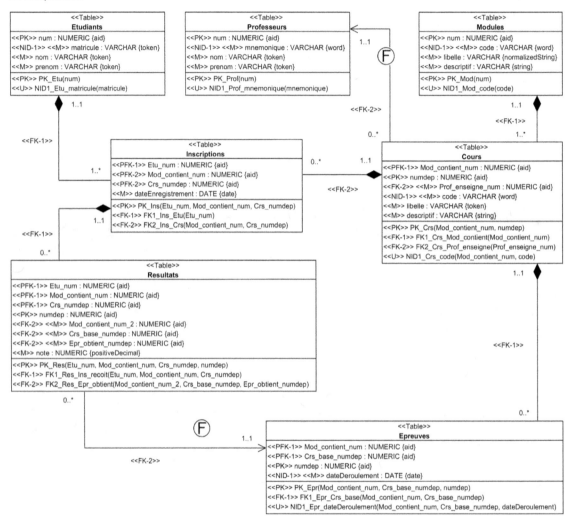

Figure 153 - Contraintes de clés étrangères non identifiantes de composition

Transformation du MCD en un MLD-R – Tables indépendantes

Contraintes déclaratives

Tables indépendantes

39   Concept

Comme nous l'avons vu au chapitre 30, la transformation se fait usuellement en mettant à profit les relations identifiantes primaires du modèle logique relationnel. Toutefois, l'utilisation de relations identifiantes primaires pose des contraintes structurelles qui peuvent s'avérer bloquantes pour l'évolution future de notre modèle logique relationnel.

Pour donner aux modèles logiques relationnels un plus grand degré de liberté d'évolution, il ne faut utiliser que des tables indépendantes. De ce fait, les contraintes structurelles des relations identifiantes doivent être remplacées par des contraintes déclaratives. Pour l'essentiel, ces contraintes déclaratives simulent les clés primaires composites des tables dépendantes ou associatives.

Le chapitre 40 explique en détail la simulation des clés primaires composites.

Les 2 premières règles de base de la transformation avec contraintes structurelles s'appliquent à l'identique à la transformation avec contraintes déclaratives :
1.   Toute entité indépendante devient une table [Chapitre 32].
2.   Toute association de degré 1:1 ou 1:n devient une contrainte de clé étrangère [Chapitre 33].

La 3ème règle est modifiée comme suit :
3.   Toute association de degré n:n devient une table indépendante dotée d'une contrainte d'unicité simulant le produit cartésien.

Les éléments significatifs de la transformation des structures particulières seront documentés de cas en cas.

40   Simulation de clé primaire composite

40.1   *Modalités*

Nous recourrons à une simulation des clés primaires composites par une contrainte d'unicité lors de la transformation d'un modèle conceptuel en un modèle logique basé sur des tables indépendantes. La simulation implique que :

- Les relations identifiantes primaires sont remplacées par des relations identifiantes secondaires.

- Les colonnes de clés secondaires des relations identifiantes secondaires sont :
    - o obligatoires, stéréotype **«M»**, pour respecter la contrainte d'obligation de valeur de la clé primaire composite simulée ;
    - o non modifiables, contrainte UML **{frozen}**, pour respecter le principe de stabilité.

- La clé primaire composite est remplacée par :
    - o Une clé primaire de table indépendante. Cela implique de créer une colonne de clé primaire de table indépendante.
    - o Une *contrainte d'unicité de simulation de clé primaire* simule l'unicité de la clé primaire composite remplacée. La contrainte de simulation est préfixée **SIMPK_**.

La comparaison entre clé primaire composite et simulation est illustré par la la Figure 154 pour une table associative. Les tables associatives Rass et RassSim lient les deux mêmes tables R1 et R2.
- La table Rass (à gauche) est une table associative. Les relations avec R1 et R2 sont identifiantes primaires.
- La table RassSim (à droite) est une table indépendante. Les relations avec R1 et R2 sont identifiantes secondaires. La clé primaire composite est simulée par la contrainte SIMPK_RassSim.

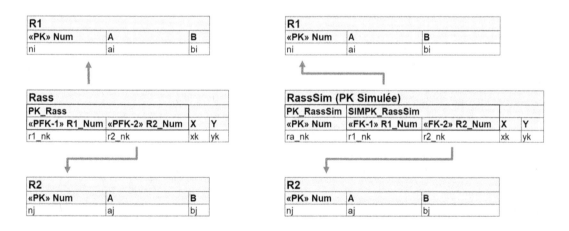

Figure 154 - Simulation de clé primaire composite et formes normales

A gauche, la contrainte de clé primaire PK_Rass de la table Rass, va assumer l'unicité des couples (R1_Num et R2_Num). A droite, c'est le rôle de la contrainte unique de simulation de clé primaire SIMPK_RassSim d'assumer l'unicité des couples (R1_Num et R2_Num).

 Le recours à des tables indépendantes rend caduque la 2ème forme normale.

40.2 *Simulation de table associative*

 La contrainte de clé primaire composite PK_Prim de la table associative Primes de la Figure 155 est formée des 2 colonnes de clés étrangères des deux relations identifiantes primaires :

- La colonne de clé étrangère du parent ArtCat_num pour la relation identifiante primaire **«FK-1»**.
- La colonne de clé étrangère du parent CliCat_num pour la relation identifiante primaire **«FK-2»**.

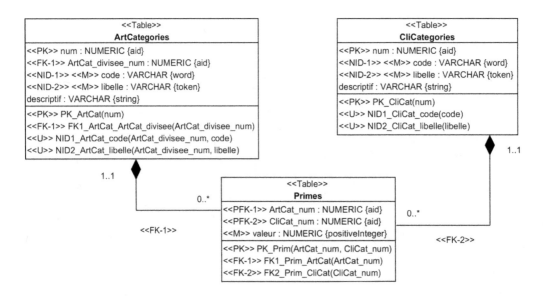

Figure 155 - Clé primaire composite d'une table associative

La contrainte de simulation de clé primaire SIMPK_Prim ① de la table indépendante Primes de la Figure 156 est formée des 2 colonnes de clés étrangères des deux relations identifiantes secondaires :

- La colonne de clé étrangère du parent ArtCat_num pour la relation identifiante secondaire **«FK-1»**.
- La colonne de clé étrangère du parent CliCat_num pour la relation identifiante secondaire **«FK-2»**.

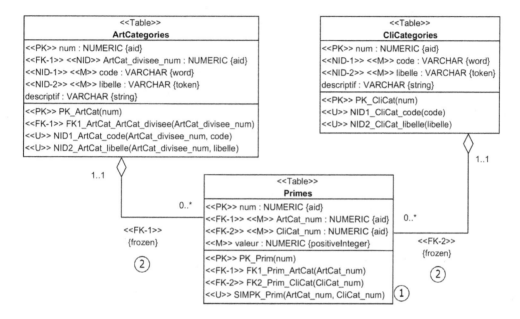

Figure 156 - Simulation de clé primaire de table associative

 Pour garantir la stabilité du produit cartésien, la contrainte **{frozen}** ② est ajoutée aux relations identifiantes secondaires. La contrainte **{frozen}** assumera que les cibles des relations identifiantes secondaires ne seront jamais modifiées.

40.3 *Simulation de table dépendante*

 La contrainte de clé primaire composite PK_At de la table dépendante Ateliers de la Figure 157 est formée de :
- La colonne de clé étrangère du parent Us_comporte_num.
- La colonne de clé primaire numdep.

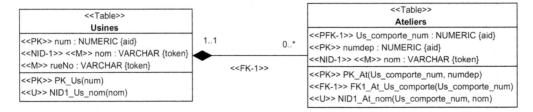

Figure 157 - Clé primaire composite de table dépendante

 La contrainte de simulation de clé primaire SIMPK_At ① de la table dépendante Ateliers de la Figure 158 est formée de :
- La colonne de clé étrangère du parent Us_comporte_num.
- La colonne de simulation de clé primaire numdep.

Tout comme pour une transformation basée sur les contraintes structurelles, la colonne de clé étrangère du parent Us_comporte_num est partie de la contrainte de clé secondaire unique et non nulle NID1_At ②.

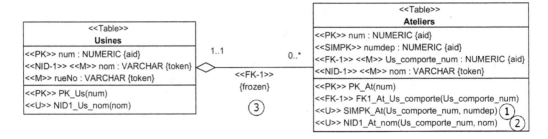

Figure 158 - Simulation de clé primaire de table dépendante

II Pour garantir la stabilité (non modification) du parent, la contrainte **{frozen}** ③ est ajoutée à la relation identifiante secondaire.

41 Trois règles de base

41.1 *Première règle*

Toutes les entités concrètes[68] sont transformées en tables indépendantes selon les modalités usuelles [Chapitre 32].
Les entités concrètes qui ne sont pas indépendantes sont dotées de contrainte d'unicité de simulation de clé primaire composite. Les différentes situations de création de contraintes d'unicité de simulation de clé primaire sont décrites au chapitre 40.

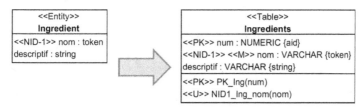

Figure 159 - Transformation d'une entité indépendante en table

41.2 *Deuxième règle*

Toutes les associations non identifiantes primaires de degré 1:1 ou 1:n sont transformées selon les modalités usuelles [Chapitre 33].

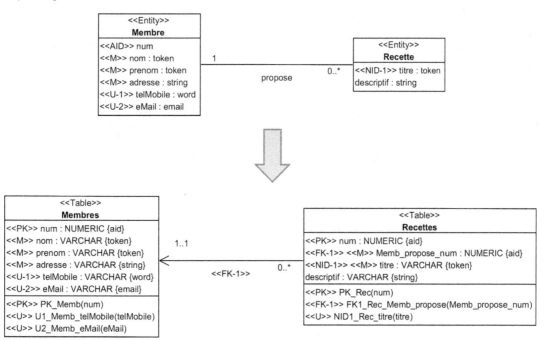

Figure 160 - Transformation d'une association de degré 1:1 ou 1:n

---

[68] Seule la pseudo entité associative n'est pas une entité concrète.

41.3 *Troisième règle*

 Une association de degré n:n devient une table indépendante ①.
Chacune des deux entités devient cible d'une relation identifiante secondaire ② non modifiable, contrainte UML **{frozen}**.
La table associative prend le nom[69] de l'association n:n.

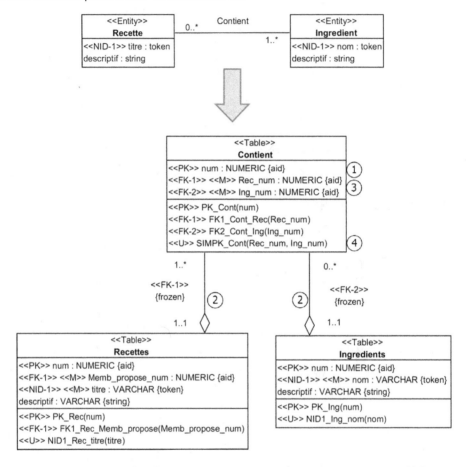

Figure 161 - Transformation d'une association de degré n:n avec contraintes déclaratives

Par rapport à la transformation en table associative [Chapitre 34] et pour ne pas perdre en sémantique, nous allons simuler le produit cartésien de l'association n:n [Chapitre 40.2]. Pour ce faire, nous ajoutons au niveau de la table indépendante :

- le stéréotype **«M»** sur les colonnes de clés étrangères ③ pour montrer le caractère obligatoire de chaque dimension du produit cartésien ;
- la contrainte d'unicité SIMPK_Cont() sur les colonnes du produit cartésien ④.

 La contrainte de clé étrangère **«FK-1»** dans la table Recettes est justifiée en Figure 160.

---

[69] Au pluriel lorsque cela a du sens.

42   Entités non indépendantes

42.1   *Entité dépendante*

 Une entité dépendante est transformée en une table indépendante selon les modalités de la 1ère règle. L'association identifiante de composition est transformée en une relation identifiante secondaire obligatoire selon les modalités de la 2ème règle. L'éventuelle contrainte UML **{deletecascade}** de l'association est ajoutée à la représentation graphique de la relation identifiante primaire [Voir Figure 163].
La clé primaire composite est transformée en une contrainte unique de simulation de clé primaire ① [Chapitre 40.3].

Si l'entité dépendante est identifiée par un identifiant naturel, une colonne de clé primaire est créée au niveau logique et l'identifiant naturel **«NID-x»** est transformé en une clé secondaire unique et non nulle.

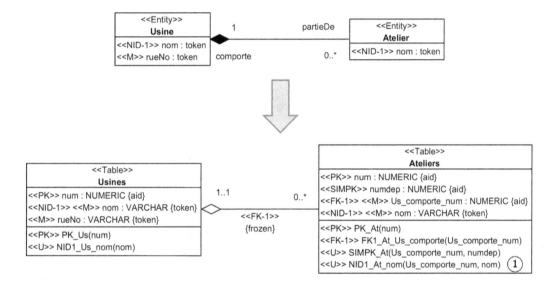

Figure 162 - Transformation d'une entité dépendante avec identifiant naturel

Si l'entité dépendante est identifiée par un identifiant artificiel ①, l'attribut d'identifiant artificiel est transformé en colonne ② constitutive de la contrainte de simulation de clé primaire ② de la table.

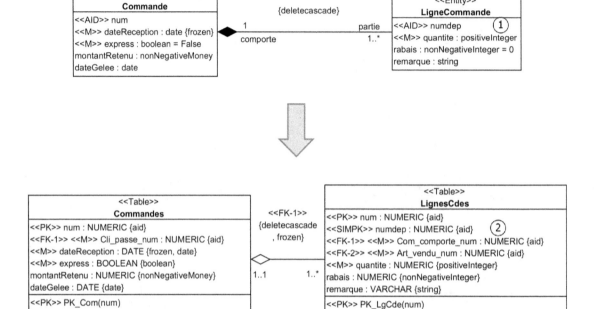

Figure 163 - Transformation d'une entité dépendante avec identifiant artificiel

42.2   *Entité associative*

Une entité associative qualifie une association de degré n:n.

 Une entité associative est transformée en une table indépendante selon les modalités de la 1ère règle.
L'association de degré n:n qui porte l'entité associative est transformée en deux relations identifiantes secondaires selon les modalités de la 3ème règle.

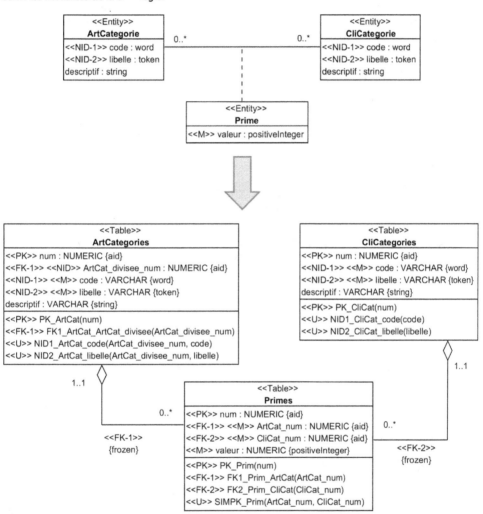

Figure 164 - Transformation d'une entité associative avec contraintes déclaratives

42.3   *Pseudo entité associative*

La pseudo entité associative ne donnant pas lieu à la création de tables, l'entier des considérations faites pour la transformation avec contraintes structurelles s'appliquent à l'identique [Chapitre 35.3].

42.4 *Entité dépendante n:n*

Une entité dépendante n:n est une entité associative à laquelle nous ajoutons une dimension d'identité. Nous la nommons aussi *entité associative dépendante*.

 En appliquant la règle de transformation d'une entité associative, l'entité dépendante n:n est partiellement transformée et il ne reste plus qu'à transformer la dimension d'identité [PAS-1 – Entité dépendante n:n].

La dimension d'identité doit être transformée comme indiqué pour l'entité dépendante [Chapitre 42.1]. Si la dimension d'identité est réalisée par un identifiant naturel, il est transformé en une clé secondaire unique et non nulle et une colonne de simulation de clé primaire composite est créée. Si la dimension d'identité est réalisée par un attribut d'identification technique, il est transformé en une colonne de simulation de clé primaire composite.

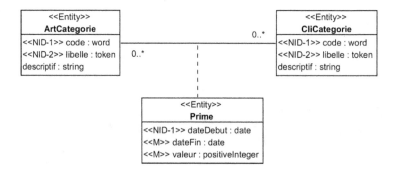

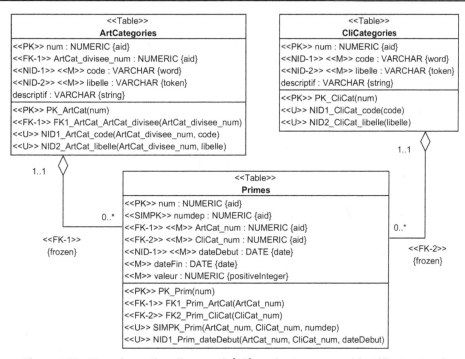

Figure 165 - Transformation d'une entité dépendante n:n avec identifiant naturel

42.5 *Entité n-aire*

Une entité n-aire est une association avec plusieurs autres entités. Nous la nommons aussi ***association n-aire***.

 L'entité n-aire est transformée en une table indépendante selon les modalités de la 1ère règle. Chaque association identifiante de composition est transformée en une relation identifiante secondaire obligatoire selon les modalités de la 2ème règle.

La clé primaire composite est transformée en une contrainte unique de simulation de clé primaire ① [Chapitre 40.3].

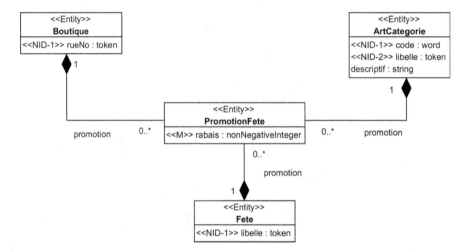

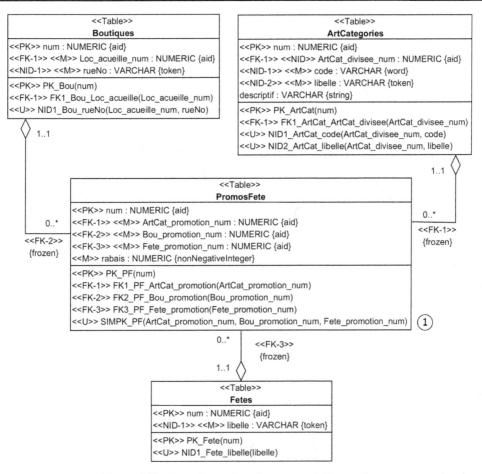

Figure 166 - Transformation d'une association n-aire

Les colonnes de clés étrangères de la table associative n-aire peuvent contenir le nom du rôle des tables parents dans la perspective d'une table qui jouerait plus d'un rôle.

42.6 *Entité n-aire dépendante*

Une entité n-aire dépendante est une entité n-aire à laquelle nous ajoutons une dimension d'identité.

En appliquant la règle de transformation d'une entité n-aire, l'entité n-aire dépendante est partiellement transformée, il ne reste plus qu'à transformer la dimension d'identité [PAS-1 - Entité dépendante n:n].
La dimension d'identité doit être transformée comme indiqué pour l'entité dépendante [Chapitre 42.1].

42.7   *Généralisation – spécialisation*

Les entités généralisées et spécialisées sont transformées en tables.

Les entités qui jouent le rôle de généralisation sont transformées selon les modalités de leur nature intrinsèque (indépendante, dépendante...).

L'éventuelle contrainte UML **{abstract}** d'entité généralisée abstraite est ajoutée à la table.

Les entités spécialisées deviennent des tables indépendantes.

Les relations de spécialisation, *est une sorte de*, sont transformées en relations identifiantes secondaires obligatoires selon les modalités de la 2ème règle.

La contrainte UML **{gs}** est ajoutée à la représentation graphique des relations identifiantes secondaires en plus de la contrainte UML **{frozen}**.

La clé primaire composite est transformée en une contrainte unique de simulation de clé primaire ① [Chapitre 40.3]. La clé primaire composite ne comporte pas de colonne d'identité car la cardinalité maximale de la table généralisée est de 1.

Les cardinalités des relations identifiantes sont obligatoirement :
-     1 pour la ou les tables provenant de la ou des entités spécialisées.
-     0..1 pour la table provenant de l'entité généralisée.

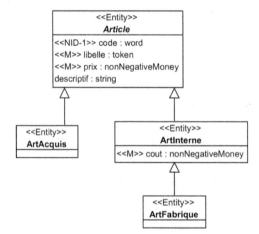

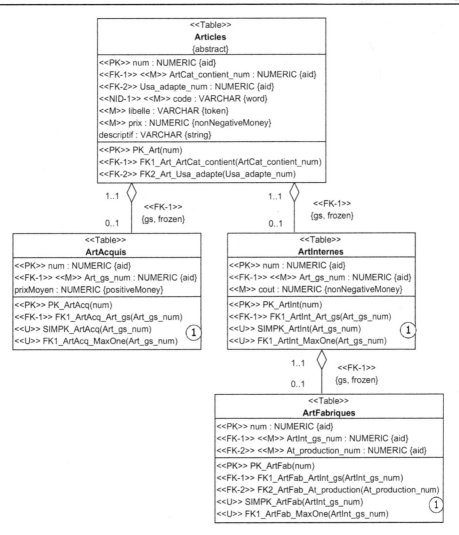

Figure 167 - Transformation d'une généralisation – spécialisation

43   Associations réflexives

43.1   *Graphe*

Les graphes sont transformés en créant une table indépendante en lieu et place d'une table associative à l'identique de ce que nous avons présenté pour l'association n:n [Chapitre 40] et l'entité associative [Chapitre 42.2].

Sinon, le reste des considérations exposées pour la transformation avec contraintes structurelles [Chapitre 36] s'appliquent de manière similaire.

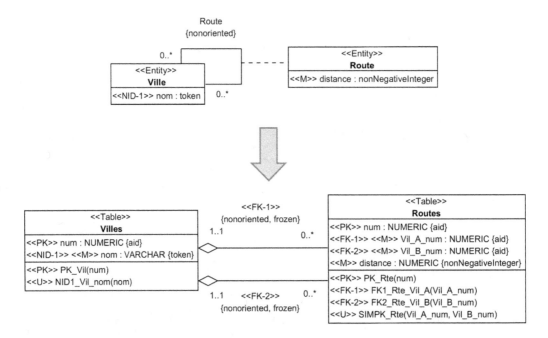

Figure 168 - Transformation de graphe non orienté

43.2   *Arbre, liste et couple*

Les arbres, les listes et les couples sont transformés sans changement par rapport à la transformation avec contraintes structurelles [Chapitres 36.1.3, 36.1.4 et 36.1.5].

44   Cas particuliers

Seuls les cas particuliers qui diffèrent de la transformation avec contraintes structurelles [Chapitre 37] sont décrits ci-après.

 Un seul cas particulier est présenté dans cette édition. D'autres cas seront présentés dans le futur.

44.1   *Attribut multivalué*

Un attribut multivalué est transformé en une table indépendante ① en lieu et place d'une table dépendante. Pour le reste, les modalités décrites au Chapitre 37.2 s'appliquent à l'identique.

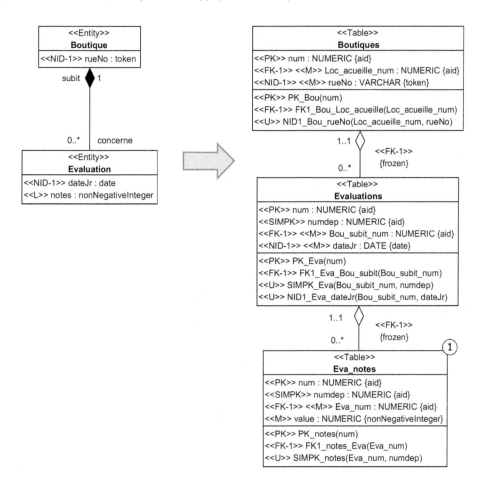

Figure 169 - Transformation d'un attribut multivalué

Annexes

A   Glossaire

AGL	Atelier de génie logiciel Concepts proches de CASE en anglais
ANSI	American National Standards Institute Institut américain de normalisation http://www.ansi.org/
biunivoque	Un élément a_i de l'ensemble A a un et un seul élément b_j correspondant dans B et vice-versa.
CASE	Computer Aided System Engineering Concepts proches d'AGL en français
CPLN	Centre professionnel du Littoral neuchâtelois
Designer	Outil CASE du constructeur Oracle utilisé couramment entre les années 1995 et 2005
DSL	Domain Specific Language Langage spécifique à un domaine
Expression régulière	Chaîne de caractères ou motif qui décrit la forme que doivent avoir les éléments d'un ensemble
Formes normales	Les *formes normales* sont un formalisme qui permet de vérifier l'atomicité des données (élémentarité) d'une part et l'absence de redondances d'autre part.
ISO	Organisation internationale de normalisation www.iso.org
ISO-8601	[https://fr.wikipedia.org/wiki/ISO_8601] (consulté le 11 août 2016) *La norme internationale ISO 8601 spécifie la représentation numérique de la date et de l'heure — respectivement basées sur le calendrier grégorien et le système horaire de 24 heures. Cette notation, créée en 1988, est particulièrement destinée à éviter tout risque de confusion dans les communications internationales dû au grand nombre de notations nationales différentes.*
ISO 3166-1	Norme ISO des codes de représentation des noms et codes normalisés de pays Pour plus de détails : https://fr.wikipedia.org/wiki/ISO_3166-1
IT	Information Technology Technologies de l'information
MCD	Modèle conceptuel de données Seuls les traits très abstraits de la réalité à représenter apparaissent sous forme d'entités, éléments de même nature, et d'associations entre entités. Concept proche du modèle du domaine d'UP
MDA	Model Driven Architecture Architecture pilotée par la modélisation
MDE	Model Driven Engineering Ingénierie dirigée par les modèles
MLD	Modèle logique de données Les éléments technologiques de mise en œuvre apparaissent mais sans détails spécifiques.
MLD-R	Modèle logique de données de type relationnel
Mécanographie	[Petit Robert] *Emploi de machines ou de dispositifs mécaniques pour les opérations logiques (calculs, tris, classements) effectués sur des documents (administratifs, comptables, commerciaux, techniques, scientifiques)*

Métamodèle	Le modèle qui fixe les modalités de réalisation d'un modèle.
MLD-T	Modèle logique de données de type tableur ou feuille de calcul
Modélisateur	Rôle du professionnel qui réalise des modèles pour représenter le monde réel ou pour élaborer l'architecture d'un système à produire
MPD	Modèle physique de données Les éléments spécifiques à une solution de mise en œuvre apparaissent avec tous les détails nécessaires à l'implantation.
MPD-R	Modèle physique de données de type relationnel
MPD-T	Modèle physique de données de type tableur ou feuille de calcul
MVC	Model View Controler Patron de conception modèle-vue-contrôleur
MVC-CD	Projet de recherche mené par les auteurs MVC : Patron de conception MVC CD : Contrôleur de données Partie spécifique au contrôle de données du patron de conception modèle-vue-contrôleur
NF	Normal Form Formes normales
OCL	Object Constraint Language Langage de description de contrainte adossé à UML http://www.omg.org/spec/OCL/
PL/SQL	Langage de programmation de procédures stockées propre aux bases de données SQL d'Oracle
Relationnel	Modèle basé sur les relations entre éléments (colonnes) d'une relation (table) Le modèle relationnel a été proposé par E. F. Codd en 1970.
SI	Système d'information de l'entreprise
SII	Système d'information informatisé de l'entreprise Partie automatisée, à l'aide des technologies de l'information, du SI de l'entreprise
SGBD	Système de gestion de base de données
SGBD-R	Système de gestion de base de données relationnelle
SQL	Structured Query Langage Langage d'exploitation de bases de données relationnelles normalisé par l'ISO
SQL ANSI	Normalisation du langage SQL par l'ANSI
SQL-DCL	Structured Query Langage - Data Control Language Instructions de contrôle du langage SQL (COMMIT, ROLLBACK...)
SQL-DDL	Structured Query Langage - Data Definition Language Instructions de définition de structure de données du langage SQL (CREATE, ALTER...)
SQL-DML	Structured Query Langage - Data Manipulation Language Instructions de manipulation de données du langage SQL (INSERT, UPDATE...)
SQL Server	SGBD-R commercialisé par Microsoft
TI	Technologies de l'information
Transact-SQL	Langage de programmation de procédures stockées propre aux bases de données SQL Sybase et SQL Server

Tuple	Un tuple ou n-uple ou encore n-uplet est une suite d'éléments (x_1, y_1, z_1) tels que x_1 appartient à l'ensemble X, y_1 appartient à l'ensemble Y et z_1 appartient à l'ensemble Z. Un triplet, terme courant, est un tuple de 3 éléments. Le terme de tuple est couramment utilisé dans le monde francophone pour désigner une ligne d'une table du modèle relationnel.
UML	Unified Modeling Language Langage de modélisation unifié http://uml.org/
UP	Unified Process Méthode de développement de logiciels de gestion orientée objet proposée par Booch, Rumbaugh et Jacobson
Visual Paradigm	Logiciel de modélisation pour UML offrant des services d'AGL www.visual-paradigm.com
VP	Visual Paradigm
W3C	World Wide Web Consortium http://www.w3.org/
XML	eXtensible Markup Language Langage de balisage extensible http://www.w3.org/

B Index

{absolute}, 62, 68, 75, 144
{abstract}, 62, 72, 132, 166
{aid}, 59
{cp}, 62, 143, 155, 156
{deletecascade}, 62, 69
{frozen}, 62, 63, 69, 153, 166
{gs}, 62, 72, 132, 166
{nonoriented}, 62, 70, 71, 134, 137
{normalizedString}, 59
{ordered}, 139, 140
{oriented}, 62, 70, 71, 135, 136
{string}, 59
{token}, 59
{word}, 59
«AAI», 61, 63
«AAU», 61, 63
«AMI», 61, 63
«AMU», 61, 63
«FK», 36
«FK-i», 60, 61, 66
«JNL», 60, 78
«M», 33, 39, 61
«NID-i», 61, 74
«ORD-i», 60, 61, 64, 138, 139, 140
«PEA-i», 60, 61, 65
«PFK-i», 61, 67
«PK», 33, 35, 60, 61
«Table», 30, 32, 33
«U», 60
«U-i», 61, 74
0NF, 87
1ère forme normale, 94
1ère règle, 118, 157
1NF, 87, 94
2ème forme normale, 96
2ème règle, 120, 157
2NF, 87, 96
3ème forme normale, 98
3ème règle, 124, 158
3NF, 87, 98
4ème forme normale, 104
4NF, 104
5ème forme normale, 104
5NF, 104
Arbre, 47, 136
Association, 28
Association n-aire, 130, 131, 164
Association réflexive, 168
Association réflexive, 134
Attribut, 28
Attribut multivalué, 141, 169
Audit, 63
BCNF, 87, 101

BOOLEAN, 33
Cardinalité, 28, 43
Chaîne de caractères, 33
CHECK, 39
Clé, 35
Clé étrangère, 29, 35
Clé primaire, 29, 35, 39
Clé primaire composite, 153
Clé secondaire, 37, 74
Clé secondaire discriminante, 37, 50, 91
Clé secondaire unique, 38, 74, 93
Clé secondaire unique et non nulle, 38, 74, 91
C_{max}, 43
C_{min}, 43
Codd, 29
Colonne, 29, 33, 63
Colonne dénormalisée, 110
Colonnes redondantes, 108
Contrainte, 39
Contrainte de clé étrangère, 42
Contrainte de clé primaire, 41
Contrainte de colonne, 39
Contrainte de table, 39
Contrainte d'unicité, 41
Couple, 70, 137
DATE, 33
Degré de relation, 46
Dénormalisation, 110
Dépendance fonctionnelle, 88
Dépendance fonctionnelle directe, 90
Dépendance fonctionnelle élémentaire pleine, 89
Dépendance fonctionnelle faible, 88
Dépendance fonctionnelle forte, 88
Dépendance multivaluée, 104
Donnée, 20
Entité, 28
Entité associative, 127, 161
Entité dépendante, 125, 159
Entité dépendante n:n, 129, 162
Entité n-aire, 130, 164
Entité n-aire dépendante, 165
Entity-Relationship, 28
Evénements d'états, 111
Evénements temporels, 112
FOREIGN KEY, 39, 42, 60
Forme normale de Boyce-Codd, 101
Formes normales, 86
Généralisation, 72, 132, 166
Graphe, 55, 71, 168
Graphe non orienté, 134
Graphe orienté, 135
Information, 20
Informatique de gestion, 25

INTERVAL, 33
Journalisation, 77
Liste, 48, 70, 136
Maquette, 27
MCD, 26, 28
MLD, 26
MLD-R, 5, 26, 39, 49, 57
Modèle, 26
Modèle conceptuel de données, 28
Modèle du domaine, 28
Modèle relationnel, 31
Modélisation, 26
MPD, 27
Multiplicité, 43
Normalisation, 86
NOT NULL, 39, 61
NULL, 39
NUMERIC, 33
Ordonnancement, 64, 138
PRIMARY KEY, 39, 41, 60
Pseudo entité associative, 65, 128, 161
Qualité des données, 23
Redondance, 23
Redondances "horizontales", 106
Règle de gestion, 25
Relation, 29, 86
Relation entre tables, 43, 66
Relation identifiante, 67
Relation identifiante primaire, 49, 67

Relation identifiante secondaire, 68
Relation réflexive, 47, 71
Relationnel, 29
Schéma, 32
SI, 18
SII, 19
Simulation du produit cartésien, 142
Spécialisation, 72, 132, 166
Système d'information, 18
Système d'information informatisé, 19
Table, 29, 32
Table associative, 54, 154
Table de dénormalisation, 113
Table dépendante, 53, 156
Table indépendante, 52
TIME, 33
TIMESTAMP, 33
Transformation avec contraintes déclaratives, 152
Transformation avec contraintes structurelles, 116
Tuple, 32
Type de données, 33, 59
UML, 27
UNIQUE, 39, 41, 60
Valeur non nulle, 39
Valeurs de données, 21
Value, 141
VARCHAR, 33
Vue de dénormalisation, 114

C Bibliographie

Blanc, X., (2005), "MDA en action : Ingénierie logicielle guidée par les modèles", Eyrolles, Paris

Jacobson, I., Booch G. et Rumbaugh J., (1999), "Le Processus unifié de développement logiciel", Eyrolles, Paris

V Kettani, N., Mignet, D., Paré, P. et Rosenthal-Sabroux, C., (1999), "De Merise à UML", Eyrolles, Paris

Kleppe, A., Warmer, J. et Bast W., (2003), "MDA Explained : The Model Driven Architecture(TM) : Practice and Promise", Addison Wesley

Larman, C., (2005), "UML 2 et les design patterns", 3e edition, Pearson Education, Paris

Muller, P.-A. et Gartner, N., (2000) "Modélisation objet avec UML", Eyrolles

Nanci, D., Espinasse, B., Cohen, B. et Heckenroth, H., (1992), "Ingénierie des systèmes d'information avec Merise", Sybex

Rochefeld, A. et Moréjoni, J., (1989), "La Méthode Merise Tome 3 : gamme opératoire", Les Editions d'organisation, Paris

Rumbaugh, J., Jacobson, I. et Booch, G., (2000), "Le processus unifié de développement logiciel", Eyrolles, Paris

Rumbaugh, J., Jacobson, I. et Booch, G., (2004), "UML 2.0 Guide de référence", CampusPress, Paris

Soutou, C. et Brouard, F., (2017), « Modélisation des bases de données », Eyrolles, Paris

SQL Data Types
http://www.w3resource.com/sql/data-type.php
Consulté le 1 octobre 2018

[PAS-1] Sunier, P.-A., (2016), "Modèle conceptuel de données", Amazon, Gorgier

Tardieu, H., Rochefeld, A. et Colleti, R., (1986), "La Méthode Merise Tome 1 : principes et outils", Les Editions d'organisation, Paris

Tardieu, H., Rochefeld, A., Colleti, R., Panet, G. et Vahée G., (1985), "La Méthode Merise Tome 2 : Démarche et pratiques", Les Editions d'organisation, Paris

Warmer, J. et Kleppe, A., (2003), "The Object Constraint Language", Addison Weslay

www.ingramcontent.com/pod-product-compliance
Lightning Source LLC
LaVergne TN
LVHW062317060326
832902LV00013B/2276